焊接高铁的"工人院士"：
李万君

訾　波 / 著

吉林出版集团股份有限公司
全国百佳图书出版单位

图书在版编目（ＣＩＰ）数据

焊接高铁的"工人院士"：李万君 / 訾波著. --
长春：吉林出版集团股份有限公司，2023.4
（"中国劳模"系列丛书）
ISBN 978-7-5731-3075-4

Ⅰ.①焊… Ⅱ.①訾… Ⅲ.①李万君－传记 Ⅳ.
①K826.16

中国国家版本馆CIP数据核字（2023）第039616号

HANJIE GAOTIE DE "GONGREN YUANSHI" : LI WANJUN

焊接高铁的"工人院士"：李万君

著　　者　訾　波
组稿统筹　东北师范大学文学院创意写作研究中心
撰写指导　余　弓
责任编辑　宫志伟　杨　爽
装帧设计　刘美丽

出　　版　吉林出版集团股份有限公司
发　　行　吉林出版集团社科图书有限公司
地　　址　吉林省长春市南关区福祉大路5788号　邮编：130118
印　　刷　唐山富达印务有限公司
电　　话　0431-81629711（总编办）
抖 音 号　吉林出版集团社科图书有限公司　37009026326

开　　本　710 mm×1000 mm　1／16
印　　张　8.5
字　　数　88 千字
版　　次　2023 年 4 月第 1 版
印　　次　2023 年 4 月第 1 次印刷

书　　号　ISBN 978-7-5731-3075-4
定　　价　45.00 元

如有印装质量问题，请与市场营销中心联系调换。0431-81629729

序 言

PREFACE

劳动创造财富，劳动创造幸福，劳动创造未来。习近平总书记在2020年全国劳动模范和先进工作者表彰大会上的讲话中指出："全社会要崇尚劳动、见贤思齐，加大对劳动模范和先进工作者的宣传力度，讲好劳模故事、讲好劳动故事、讲好工匠故事，弘扬劳动最光荣、劳动最崇高、劳动最伟大、劳动最美丽的社会风尚。"当今世界，综合国力的竞争归根到底是科技人才和高素质劳动者的竞争。改革开放以来，我们强大的工人队伍用辛勤劳动和拼搏奉献推动中国制造、中国智造、中国创造走向世界的前列，新时代的中国面貌日新月异。大力弘扬劳模精神、劳动精神、工匠精神，加强高素质技能人才队伍建设，打造一支宏大的知识型、技能型、创新型劳动者队伍是伟大时代赋予我们的历史责任。

劳动模范是民族的精英、人民的楷模，是共和国的功臣。自改革开放以来，广大职工勇立改革潮头，独立自主，奋发图强，勇于创新，其中涌现出一批批全国劳模和大国工匠，他们参与建设了代表中国高度、中国速度、中国深度的一系列重大工程，提升了国家实力，打造了"中国名片"，树立了"中国品牌"，增添了"中国力量"，充分释放出工人阶级的创新活力，展示出大国工匠强大的创造能力。他们以工人阶级的满腔热忱在各自平凡的工作岗位上创造了辉煌的业绩，书写了新时代的壮丽篇章。

爱岗敬业、争创一流、艰苦奋斗、勇于创新、淡泊名利、甘于奉献的劳模精神，崇尚劳动、热爱劳动、辛勤劳动、诚实劳动的劳动精神和执着专注、精益求精、一丝不苟、追求卓越的工匠精神，是广大劳动群众在社会生产实践中锤炼形成的弥足珍贵的精神财富，是工人阶级伟大品格的具体体现，是民族精神和时代精神的生动体现。民族复兴需要劳动模范，祖国强盛需要大国工匠，中国制造、中国智造、中国创造更需要大国工匠的强有力支撑。劳模、工匠等的成长故事、先进事迹中承载的劳模精神、劳动精神和工匠精神，是激励全国各族人民团结奋斗、勇往直前的强大精神力量。

"中国劳模"系列丛书，采用图文结合的方式，讲述全国劳模、大国工匠和先进工作者的成长经历及他们追梦、筑梦、圆梦的故事，用他们在平凡岗位上创造不平凡业绩的真实故事感染读者，形成劳动最光荣、劳动最崇高、劳动最伟大、劳动最美丽的社会风尚，引导广大技术工人和青少年形成劳动光荣、技能宝贵、创造伟大的观念。

"匠心筑梦，强国有我。"新时代是万象更新、生机勃勃的时代，也是一个继往开来、创新创业和建功立业的大时代。希望广大读者能以劳动模范为楷模，以大国工匠为榜样，立志技能报国、技术强国、踔厉奋发，勇毅前行，锤炼思想品格，汲取劳动智慧，勇于担当、勤于钻研、甘于奉献，为推进新型工业化和乡村振兴，加快建设制造强国、质量强国、航天强国、交通强国、网络强国、数字中国、农业强国，为全面建设社会主义现代化国家贡献青春力量。

高凤林

中华全国总工会副主席（兼）

中国航天科技集团有限公司第一研究院

211厂14车间高凤林班组组长

2022年11月

传主简介

　　李万君，男，汉族，1968年10月出生，吉林长春人。1987年进入长春客车厂焊接车间从事电焊工作，至今已有三十余年。曾先后获得中央企业技术能手、全国技术能手、全国劳动模范、全国优秀共产党员、感动中国2016年度人物、吉林工匠、2018年大国工匠年度人物等荣誉称号。曾获中华技能大奖、全国五一劳动奖章等荣誉。享受国务院政府特殊津贴。

　　1988年，李万君凭借着扎实的理论基础和勤奋的实践训练，夺得了车间焊接冠军的好成绩，他也是从此开启了焊接技术路上的披荆斩棘。1996年，李万君获得了长春市焊接大赛第一名。2005年，李万君在中央企业职工技能大赛二氧化碳焊接单项中拿到了第一名的好成绩，被大赛组委会授予中央企业技术能手的称号。2007年，李万君创造了一枪环焊转向架环口的新方法，总结出"构架环口焊接七步操作法"，解决了高铁转向架焊接的技术难题。2008年，李万君获得了人力资源和社会保障部颁发的全国技术能手的称号。2011年李万君在技术创新、攻克技术难关方面做出突出贡献，成为第十届中华技能大奖获得者。2015年，李万君当选全国劳动模范，并代表全国近3000名劳模和先进工作者在人民大会堂宣读倡议书。2017年李万君凭借他在高铁焊接技术方面的钻研和努力，被评为感动中国2016年度人物。2019年李万君获评成为2018年大国工匠年度人物。

在一线技术岗位工作三十余年，李万君认真刻苦，勤于钻研，不断创新，从一名普通的青年焊工成长为焊接高铁的"工人院士"，成长为中国高铁焊接大师，成为国内首屈一指的大国工匠，为中国高铁事业的不断发展贡献了自己的全部力量。

目 录

第一章　淘小子

木头手枪

1968年10月6日，这一天的秋景分外美丽，长春市斯大林大街（今人民大街）两侧高高的杨树已树叶金黄，南湖秋色，水波荡漾。郊外九台、双阳、新立城的玉米都收割了，人们看到了丰收的田野。

李世忠和李桂芝住在长春市朝阳区建设街一间不足十四平方米的简陋平房内，一间小屋做饭，一间小屋睡觉。屋里没有暖气，只有火炕，做饭就热，不做饭就凉。在这里他们迎来了第一个孩子——李万君，这个大胖小子生下来六斤八两重，两只眼睛分外明亮，能哭能吃能尿炕。李世忠激动得直搓手，看着儿子娇嫩的小脸蛋儿，喜欢得不得了，"像我，这小子像我"。转眼孩子满月了，李世忠动用自己压箱底的文化积累，给这个大胖小子起名，夫妻俩希望儿子能走得更高更远，就想：数量极多极大就是万，人群里广受称道的是正人君子。于是，夫妻俩给这个备受期待的长子取名为李万君。

李万君的父亲李世忠1966年复员后进入长春客车厂。开始在木工车间当工人，后到机加车间做刨工。

李世忠是长春客车厂的老工人。入厂时工厂没有厂房，工人们都是两班倒，一班搞生产，一班搞基建。在那段艰苦的岁月，李世忠和工友们夜以继日地生产产品，在一线工作岗位上坚守了三十多年。

李世忠把部队的优良作风带到工厂，能吃苦，肯奉献，几乎每年都超额完成任务。李世忠特别喜欢钻研，只要一有时间就琢磨技术革新，每年都会完成十几项"小发明""小创造"，提高了工人们的工作效率，为工厂增产做了很多贡献。由于在工作上表现突出，1987年到1993年，李世忠连续七年被评为长春客车厂劳模，并在1993年被评为中国铁路机车车辆工业总公司劳动模范，被长春市总工会授予五一劳动奖章。

李万君幼时家里很困难，上不起家附近的幼儿园。母亲每天把他带到单位的幼儿园，因为那里是不花钱的，但是离家很远，每天都要坐班车。

李万君从八九岁开始，就显示出动手能力强的特点。好动的他，只要让他做点儿东西，就能立刻安静下来。

"木匠老爸"李世忠的木匠手艺远近闻名。他做活儿不糊弄，精益求精，打出来的家具，如立柜和桌椅板凳都结实耐用。当时的那些立柜、炕琴（东北人放在炕上装被褥衣物、多层开门、有玻璃窗的木头柜子）其接头都不用铁钉而用卯榫，卯榫结构是极其讲究技术的。李万君大一些了，也能给父亲打下手了，父亲告诉他最多的一句话就是："丁是丁，卯是卯！"因为木匠干活儿就一个要求——不能糊弄。少一颗钉子，凳子不结实会倒；少一节楔子，桌子不结实会歪。这也成为李万君家的家风，这种家风始终鞭策着李万君——做事就要认真。李万君小时候做数学题从不马虎，不会的题可以做不上，会的题不能答错；抄写文章字迹工整，横平竖直堂堂正正，一撇一捺大大方方，横折弯钩稳稳当当，一笔一画写好每个字。比起学习，李万君更喜欢玩儿，玩儿什么都开心。李万君家里别的没有，木头块儿管够。最开始，李万君也就是对木头做一些简单的改造，做成简单的积木搭起来玩儿。后来，到十多岁，随着手艺在磨炼中精进，他渐渐能做出一些像模像样的玩具了。

那时的李万君希望自己长大后能当上解放军，他觉得身上别个手枪很威风。街道里的男孩子都喜欢木头手枪，李万君的第一把木头手枪是自己用爸爸的锯子锯出来的，先在木板上用铅笔画线，一个枪管，一个弹夹，一个手柄，就具备了手枪的外形。把铁棍放煤炉里烧红了，对准弹夹位置中间烫下去，木板两侧分别烫出一个洞，这就是扳机。

别看这"手枪"粗糙，那也用了大半天的时间。有一次李万君看小人书，上面画的手枪又好看又精致。李万君就开始按图做枪。做一次不成功，做两次不满意，废掉的木头手枪就有十多把。没办法只好问爸爸，爸爸告诉他要用松木、杨木等木质松软的木块做枪，用锯子锯出手枪大框模样后，要按手枪图精雕细刻，特别是细节要真实。就这样，李万君开始慢慢打磨木头枪，大小尺寸都接近真枪，木头手枪上有准星，弹夹向后倾斜，枪管也要圆得统一，扳机的圆洞越发精细，再用爸爸的锉把手枪的边边角角锉圆润，最后用墨水把手枪染黑，别在腰上就出去"抓特务"了。小伙伴们都羡慕李万君手里的"真家伙"。

"这是本大王干的活儿"

穷人的孩子早当家。李万君作为家中的长子，从很小的时候就开始为父母分担家庭的重担，帮忙照顾弟弟，承担一些力所能及的家务活儿。

在那个年代，买煤运煤也是一件苦差事。从李万君家到煤厂有三五里路，为了省下运煤的几毛钱，父母每次买完煤都是自己用推车运回家。当时小弟弟还小，李万君就和大弟弟一起帮着父母推车。把煤车推回家卸在马路上就要花费小半天的时间，父亲再把煤一趟趟扛到家里的小仓房。有一次父亲着急去上班，还剩下半堆煤，就让李万君和兄弟们往家运。李万君二话不说，扛不动整袋的，就用脸盆一盆盆往家运，累得汗珠子直往地上掉。煤块儿掉地上了，就弯腰捡起来，不能浪费。每运回家一盆煤，家里的煤堆就高一点儿，看到院里小仓房的煤堆越来越高，这里面也有自己的劳动成果，李万君"这是本大王干的活儿！"李万君拍拍手上的煤尘自言自语。

等到寒暑假，李万君就在家里照顾两个弟弟。每天早上，父母把炉子烧好，在锅里炖点儿土豆，上面再贴上点儿大饼子，这就是李万君哥儿仨一天的伙食。李万君节俭的生活，带给他一生受用不尽的精神财富。

寒假里李万君还要领着弟弟捡马粪，每捡一筐马粪就能换一张小票，这种小票可以在开学的时候用来换一些学习用品。所以，不管外面的寒风多么冰冷刺骨，李万君每天都带着弟弟照常"出勤"，整个冬天他们都在街头巷尾"追杀"马粪。看见马车来了，不看马颜色，不看车老板，就紧盯着马屁股，希望马屁股有所"行动"，有的马屁股一无所有，有的马屁股"结出硕果"。等到寒假过去了，李万君捡了整整一大推车马粪，给自己和弟弟们换来好些文具。李万君感到了劳动的幸福与快乐。

李万君家收入少，孩子们平时吃不上鸡蛋。于是，母亲李桂芝就去早市买回两只半大母鸡。父亲李世忠用木板钉了个鸡笼，告诉李万君哥儿仨好好喂鸡，等鸡长大了就能下蛋了。李万君想吃鸡蛋想疯了，以高昂的干劲积极地投入养母鸡的"伟大事业"中。

李万君爱劳动，不怕吃苦。为了把鸡喂饱，他放学后，总是去捞蝌蚪、捉蚂蚱、捞小鱼。抓蚂蚱也是很累的，夏末秋初的太阳把人晒得快冒油了，李万君本不怕呢，就往草丛中搜索，蚂蚱看见李万君来了就赶紧到处蹦，东一下西一下，李万君也得跟着蹦，手疾眼快才能抓到，有时实在太累了，想不干了，可一想到吃鸡蛋，就又有了力气。"蚂蚱，哪里跑。看我小李飞刀！"

努力的劳动总有回报，半年后母鸡长大了，开始下蛋，下完蛋就咯咯哒地叫，告诉主人下蛋了，李万君赶紧跑去鸡窝那里，伸手一摸，一准有一个温热的鸡蛋。就这样，李万君每隔几天就能吃一次鸡蛋，他边吃鸡蛋边想，以后一定再给母鸡多抓蚂蚱。

小学学霸

都说淘气的孩子聪明，李万君也是如此。

1976年7月，李万君进入长春市翔云小学。全班五十多名学生，有些是前街后街的，原来就一起玩儿。入小学后，能一起玩儿的孩子更多了。在学校，一下课，李万君总是前几名跑出教室的，他满脑袋想的就是，抓紧时间和同学们玩儿。跳绳、踢球、追逐、打闹、藏猫猫等，玩儿什么都行。

李万君在班级总坐前两排，是个再普通不过的孩子。老师号召学生要争当红花少年，李万君更是向往大红花，他从小就有深深的红花情结，有争当第一的决心。这一切都来自他父母的言传身教。

李万君生活在一个劳模之家。父亲在长春客车厂工作，每天都主动加班，又通过一双巧手，搞了许多发明创造，是长春市五一劳动奖章获得者。李万君的母亲在长春市一轻局塑料一厂工作，连年被评为先进生产者。每逢年节、奖项评比的时候，看着父亲、母亲戴着大红花、喜气洋洋地拿回劳模奖金和证书，李万君都敬佩不已，这也是李万君一家最高兴的时刻。对于他们来说，这不仅是经济上的收获，更是荣誉的象征。

⊙ 1981年7月，13岁的李万君（最上排左三）从长春市翔云小学毕业

有一年年底，父亲被评为厂劳动模范，拿回奖章和大红花，李万君哥儿仨抢了起来，都想把大红花戴在自己胸前。当时两个弟弟太小，没有抢过他。小弟弟哭了，李万君就把大红花让给了小弟弟。那个时候，"劳模二代"李万君心里就想：将来长大了，也要像父亲一样，好好干，也戴大红花回家。

为了当上红花少年，李万君总是努力学习，积极打扫教室，帮助周围同学……终于李万君得到小红花了，这使他非常高兴。

鲜衣怒马少年时，不负韶华行且知。

时光如流水，岁月太匆匆。在不停地盼望自己长大的时候，少年不知不觉已经长大了。

1981年7月，13岁的李万君从长春市翔云小学毕业，数学93分，语文81分，总分174分。毕业考试考了个全校第一名。

可惜这个成绩离重点初中长春二中的录取分数还是差了1分，父亲就让李万君到长春客车厂子弟中学读初中。

 | 第二章　青春在焊花中闪耀

"焊武帝"

中学是人生学业承上启下的重要阶段。

李万君在小学时数学成绩一直不错，到了中学，他在提高自己语文成绩的同时，牢牢保持着自己的数学学习优势。在客车厂中学，他当了三年的数学课代表。可是等到初中毕业的时候，李万君又犯了难，他的英语成绩不太好，职高和技校都是当时最热门的选择，他怕自己考不上，最后还是报了客车厂高中。由于数学这一科超常发挥，他最终顺利地进入了客车厂高中。

读了高中，下一个目标就应该是考大学。可是在高二那一年，长春客车厂突然发布了一条通知。通知上说，只要是长春客车厂职工子弟，填写一个申请，就可以参加长春客车厂"二加一"（两年高中加一年职业高中）内部招聘，成为厂里的第一批合同工。

命运主动向李万君抛出了橄榄枝，面对长春客车厂"二加一"职业高中的招聘机会，李万君在思考。他也希望能上大学，可是现实情况是很难考上。虽然李万君数学成绩一直不错，语文成绩中等水平，但英语是他的弱项。偏科是李万君考大学的拦路虎，偏科就像一个跛脚的人跑百米，一只脚想飞奔，另一只脚却步履蹒跚。当时的大学录取率非常低，对于大部分人来说，读大学只是一个遥远的梦，上班挣钱才是首选。他最终在职业高中报名表上填上了自己的名字。李万君选择进入内部招聘，选择当工人养家，帮父母赚钱供两个弟弟上学，走上一条千万中国工人子弟的梦想之路，这似乎是必然的。

工人家庭说工人话，李万君父亲回家说得最多的也是工厂的事，所以李万君对工厂也熟悉一些。工厂的车工，就是操作车床的，主要负责加工机械零件；钳工属于机修，负责机械安装及修理；铆工主要负责用铆钉连接钢铁结构；电工就不用说了，负责电路维修；焊工主要是负责焊接制作。而李万君选择的就是职高焊接班，他也是从此就与焊接结下了不解之缘。

在长客职业高中焊接班，老师为学生讲了焊接的历史。

公元前3000多年，埃及就出现了锻焊技术。公元前1000多年，中国的商朝就采用铸焊技术制造兵器。公元前200年，中国就已经掌握了青铜的钎焊及铁器的锻焊工艺。战国时期制造的刀剑，刀刃为钢，刀背为熟铁，一般是经过加热锻焊而成的。据明朝宋应星所著《天工开物》一书记载：中国古代将铜和铁一起入炉加热，经锻打制造刀、斧；用黄泥或筛细的陈久壁土撒在接口上，分段锻焊大型船锚。

当然，李万君要学的可不是古老的焊接技术，而是电焊。电焊技术就是电弧焊技术的简称，是通过加热、加压，或两者并用，使同性或异性的两个工件产生原子间结合的加工工艺和连接方式。

⊙ 1987年3月，李万君（最后排左四）毕业于长春客车厂职业高中焊接班

总有人认为职业高中的学生都是考不上大学的学生，但从上职高的第一天开始，李万君就没有因为自己上不了大学而气馁，也没有因为自己的职高文凭而自卑，他喜欢老师常说的一句话：是骡子是马拉出来遛遛，社会需要的是你有真本事。

李万君学习焊接技术很能吃苦，有的学生天热了出汗不爱焊，天冷了冻手不爱焊，但李万君从来都不矫情。良好的数学和绘画功底为李万君学习焊接技术打下良好的基础，很多焊接知识他学完就能上手。李万君学习焊接基本功扎实，有的学生干活糊弄，把焊件外面焊得溜光水滑，里面却是漏洞百出。李万君焊接则不然，就像他父亲说的，丁是丁，卯是卯，从来不糊弄。有老师监督和没老师监督一样，不糊弄老师，更是不糊弄自己。

晚上睡不着时，李万君也复习焊接要领。有时他会天马行空地想：如果没有焊接技术，世界将会怎么样？如果没有焊接工人，世界将会怎么样？

有田不耕仓廪虚，有书不读子孙愚。宝剑锋从磨砺出，梅花香自苦寒来。少壮不经勤学苦，老来方悔读书迟。

职业高中的学习有甜蜜也有苦涩，有的学生爱打架、喝酒、抽烟，还有的学生孤立、讽刺李万君等爱学习的人，他们营造一种不学习才酷的氛围，这些李万君都视而不见。有灵魂的人，不在乎前呼后拥，他一个人站立就是千军万马。李万君缩小自己的交际圈，认真刻苦学习，特别是注重锻炼动手能力的实操学习。

1987年7月15日，李万君取得了长春客车厂职业高中的毕业证，上面记载着：学生李万军（那时总有人把李万君写成李万军，他自己也不在乎），系吉林省长春市人，现年十八岁，在本校焊接专业学习三年期满，成绩合格，准予毕业。

毕业证上有李万君的详细成绩，共有14门课程。这14门课里，李万君还是有些偏科。最高的成绩是体育100分，这与李万君小学、中学爱骑自行车，常常跑步、踢球有关；第二高的成绩是政治95分、焊工工艺95分、制图95分。焊工工艺成绩95分，也是他们班级的最高分。职业高中这三年，李万君的焊工工艺成绩一直是全班第一，被同学称作"焊武帝"。这三门课95分，说明了李万君那时政治学习热情高，焊接、制图专业能力强，动手能力强，这种扎实的焊接学习，也为他今后成为"中国高铁焊接大师"打下了坚实的基础。分数最低的还是传统的偏科项英语、化学，都只得到60分，这两科勉勉强强够职业高中毕业。

不想干电焊

1987年8月6日，十九岁的李万君进入长春客车厂焊接车间工作，平凡的他开始了他不平凡的焊工人生。

长春客车厂，是现中车长春轨道客车股份有限公司前身，始建于1954年，是国家"一五"期间156个重点建设项目之一。经过六十多年的建设和发展，公司现在已成为我国最大的铁路客车和城市轨道车辆的研发、制造和出口基地，也是目前世界上年生产客车数量最大的制造工厂。

理想很丰满，现实很骨感。真正进入焊接车间的第一天，李万君就傻了眼，就像自行车扎胎——泄气了。

后来李万君回忆道："我们高中三个班就二十八个同学，都是客车厂子弟，通过这种渠道进入了我们这个企业。在职高经历半年理论和实践培养后，同学们很快就进入了车间。当进入车间的那一刻，我就特别后悔，这工作不像我想象的那么好玩，它是做什么的呢？是做轨道客车，也就是俗话说的老绿皮火车的水箱和风缸焊接的。水箱就是火车门口棚上边装的水箱。若焊不好，运行当中滴答滴答往下漏水。风缸是火车下面刹车的风包，若焊不好，漏气了，火车刹车就会失灵。二十多个焊工在车间里干电焊，瞬间屋子里边烟气就上来了。那个年代没有排风机，所以十几米开外根本看不到人，每个月发的三个口罩也不够戴，需要洗了又洗。下班洗完澡，鼻子里全是黑血——焊烟熏的。只要你干上两天的电焊，衣服上蹭的全是油，焊豆瓣里啪啦往下掉，稍微不留神就会掉到衣服上，所以衣服上经常烧出大大小小的窟窿。"

除了工作十分辛苦，焊工的工作条件也十分艰苦。当时长春客车厂焊接车间是长客最艰苦的车间之一，刺眼的电弧光、刺耳的打磨声、刺鼻的焊烟味、不见天日的烟尘……

李万君进厂的时候，焊接工人用的是老式电焊条，焊条外面有一层药皮，这层药皮在焊接过程中会产生大量烟尘，工人操作时，眼睛和肺都会被烟尘熏得非常难受。另外，有一些碳钢材料

⊙ 1987年8月，十九岁的李万君（左四）进入长春客车厂焊接车间工作

是镀锌的，这种材料在焊接的时候会产生有毒气体，直接危害焊接工人的健康。

除了烟尘的熏扰，干焊接还存在着更直接的危险：由于焊条熔滴过度，会在焊缝当中产生很多焊接飞溅，这种飞溅"焊花"会灼伤人的皮肤，掉下来的"焊豆子"更是容易烫伤工人。

除了操作上有难度、工作环境很恶劣以外，焊工们还要承受一些人的嘲弄。当时厂里每个月月底都要到大车间开大会，别的车间工人都干净利索，而焊接车间的工人一个个都是灰头土脸的，所以有的车间的工人看见水箱工段的焊接工人在路上走时，还会编一段顺口溜调笑他们："远看像逃难的，近看像要饭的，仔细一看，是水箱工段干电焊的。"

在这样艰苦的环境中，李万君他们焊接班的很多同学都不想干了，想法设法调到其他单位或清闲自在的岗位去了，就剩下包括李万君在内的三个老实巴交的小伙子。

李万君成为大国工匠后，在回忆这一段时光的演讲时说道："在这么艰苦的环境当中，我的同班同学，二十八个有二十五个通过各种渠道调离本职岗位。女的有到幼儿园的，有干收料的；男的有当司机的，有干装修的。三十多年前的那个年代，体现不出多劳多得，干啥都是每个月基本工资二十三块钱，奖金十块八块的。"

"当时我看同学们一个个高高兴兴地调走，今天走俩，明天走俩，看他们回来办手续的时候我的心也活了，回想过去的一年，电焊烟熏火燎的，眼泪都哗哗的，往前一瞅，自己都觉得干电焊没啥出息。"

李万君想放弃电焊了。

"狗场场长"

在企业里干好干坏工资都一样的现状，影响了李万君的积极性，自己年龄也不小了，因为干的是又脏又累的电焊，谈了三个女朋友都黄了。只有同样出身的针织厂女工苑红霞不嫌弃李万君，她喜欢李万君的踏实、认真和纯朴。

春风吹拂北国久经冰霜的大地，又是充满希望的一年春季。

1992年5月26日，二十四岁的李万君终于和长春针织厂女工苑红霞结婚了。婚房在长春市奋进乡五星村班家营子屯，是平房，没有水井，要烧火炕。

李万君和苑红霞结婚不到一年的时间，苑红霞的单位——长春针织厂就黄了。家里的收入立刻就减少了一半。

李万君的婚房是奶奶家的三间小平房，平房前面还有一个小院。当时，一条狼狗就能卖一千块钱，李万君看到了养狗的市场前景，很想"转型"。他想养狗赚钱，最好能回长春买个楼房住。

说干就干，养狗需要狗笼子，这可难不倒李万君，毕竟他本身就是电焊工，自己买了点儿钢筋和角铁，焊几个狗笼子太小菜一碟了。

　　狗笼子焊完，养狗的营生就开张了。李万君最开始只养狼狗，但狼狗很能吃，等养大之后发现一般的狼狗只能卖个狗粮钱，白忙活一夏天。于是李万君就开始琢磨买一些好狗崽儿，比如西德牧羊犬、阿拉斯加犬，狗越养越多，越养越大，后来他家的小院子已经满足不了他养狗的需求了。李万君就到屯边上买了一千多平方米的一块地，建了一个大狗场，干起了"大买卖"。

　　其实，养狗也不容易，要想狗长得好，每天还得遛它们。除此之外，有些狗还总是拉肚子，要买药。有时李万君不舒服都不舍得吃药，但为了给狗治病，李万君没少花钱，有时还需要给狗买血清，一年给狗看病就得花三千多元。后来狗越养越多，一到换季就容易得病。头几次，李万君还骑摩托车请市里的医生来给狗输液，可后来怎么请人家也不来了，人家说他是给人看病的医生，现在跑你这儿给狗输液，传出去名声不好。可看着一条条患病的狗，李万君心急火燎，这就是钱啊。

　　李万君不能眼睁睁看着狗病死，只好让妻子安抚住狗，自己模仿着医生的样子给狗输液。这是他第一次给狗输液，李万君让苑红霞把住狗的两条前腿，将狗后腿的毛剃掉，紧接着把输液的针头扎向狗腿上的血管，小狗疼得生无可恋直叫唤。看李万君一脸严肃的样子，苑红霞也不敢问，但心里想：夫君，你给狗打针，是不是打错了？李万君看出媳妇的怀疑，就解释说："没事，狗一直叫，估计是晕针。"

　　从晚上7点到半夜12点，忙了五个小时才给狗输完液，可仔细一看，输的药液在狗腿里面形成一个水包！原来打针没有回血，药液都注射到狗腿皮下了。狗有苦难言，只能叫唤，狗眼也迷茫得紧，似乎在怀疑"狗生"。

一次不成，李万君再来，就这样，李万君一遍遍练习给狗打针，后来越来越熟练了。还有一次有只小狗病了，蔫蔫的，不吃不喝，李万君也不知道是怎么了，连忙骑上摩托车把狗送到宠物医院。兽医看了看，摇摇头，觉得没什么救治价值，让李万君带回去。可李万君放不下自己看着长大的小狗，于是找来兽医书挑灯研读，买来药品器械，自己给小狗喂药、打针，夜里不睡觉观察治疗状态，终于让医院都不肯收治的小狗起死回生了。

李万君有个特点，就是爱琢磨，不论干什么事情都要问一下为什么，都要琢磨一下能不能干得更好。李万君渐渐学会了给狗看病，什么灌药、输液都不成问题。不同的狗病，他也能看个八九不离十，基本上能做到药到病除。爱人就开玩笑叫他"李兽医"。

在最平常的事情中就可以显示出一个人的性格。认真者刻苦经营，人生可能会很精彩；混日子者会暂时快乐，最后混丢一生。

后来有一次过春节，李万君去农村二叔家拜年。二叔病了，发高烧，吊瓶、针管什么的都买回来了，大年三十找护士打完了针，大年初一就怎么也请不到护士给打针了。二叔家的孩子胆子大，说要给二叔扎针，可总也扎不对地方，只是在老人的手上留下几个新鲜针眼。李万君见状，就说："二叔，我试试。"二叔一家人半信半疑地看着李万君，只见他手法娴熟、有条不紊，在二叔手背上轻轻一拍，说时迟，那时快，眼到手到，手到针到，一针"见血"，吊瓶就打好了。

二婶很高兴，忙问万君是怎么学的。李万君实在，刚想说是在狗身上练的，媳妇苑红霞赶忙扯了一下他的衣袖，拦下话头说："时间不早了，我们得去三叔家拜年了。"

李万君干一行，爱一行，把下班和节假日时间都用于养狗。他不怕吃苦，不怕熬夜，不断钻研养狗技术，不断总结养狗经验，不断琢磨狗的脾气，成了方圆几十里有名的养狗专业户。李万君的狗场最多时有五六十条狗。

养狗并没有让李万君夫妻赚到多少钱，但养狗的这种勤奋影响了他一生。哪有什么成功秘诀，所谓的成功人士，只不过是把别人吃饭睡觉的时间，全部投入自己热爱的每件事情上罢了。

父亲的信

李万君养狗时间长了，作为劳模的父亲开始担忧了：这孩子不学技术，不好好当工人，拿青春喂狗，这样跟狗混下去，这一辈子不就完了吗？李世忠很苦恼，可是儿大不由爹，这么大了也不能打，讲道理怕还说不过他，怎么办呢？怎么能把这匹野马再拴到车辕上？

这一天，李万君来看父亲，父亲李世忠也趁这个机会语重心长地问万君："你还记得前几年我给你写的信吗？你回去找找，有时间再看看。"

李万君父亲给李万君写信是在他刚进厂不久，当时李万君看到自己的同学纷纷调离了焊接岗位，心里也有了动摇。于是，李万君的父亲给他写了一封信。

当时李万君对这封信也就是简单看了看，根本没上心。这次父亲突然提出来让自己看看信，于是李万君回家就把信找了出来，这是李万君父亲第一次给他写信，所以李万君保存得很好。从炕琴抽屉里找出信，李万君仔细地看了起来。

吾儿万君：

　　时间过的（得）太快了，转眼之间你入厂工作好几个月了。儿子你辛苦了，爸知道你才19岁，正是长身体求知识的时候。从小就没少挨过累，现在弃学从工，当一名电焊工。爸知道电焊工很苦也很累，入厂28名同学走了25名，你也动心了。听你母亲说，你要求调走，叫我找老同学安排一个好工作。爸是工人，知道电焊工作苦累，没人愿意干，经常打眼睛，这些事爸都知道，很心疼你。爸又一想，工作苦累总得有人干，都调走，谁来完成任务，能按时出车吗？儿子，不管干什么工作，只要干好一样就有出息。孩子，安心干吧，爸爸支持你。五八（1958）年你爸才15岁，就来到客车厂，每天往返30多里路，上班什么活儿都干，一边建厂，一边出车，工作更艰苦，不也坚持下来了？每当爸爸把劳模大红花拿回家，你和弟弟争着要。当时你说，等长大上班，我也争当劳模，得的红花比爸爸的红花大。儿子你没忘吧？我的好儿子，坚持吧！会有好的结果的。灯在光天化日之下是不（会）引起注意（的），只有在黑夜，才显示它的光辉，你要像灯一样发光照亮前程。

这次全厂青工焊接大赛，你不是取得了第一名吗？全家看到奖品后都为你高兴。亲爱的，我的好儿子，努力工作吧，前程万里，爸爸支持你。

祝你工作更上一层楼。

1988年3月，父

未曾清贫难成人，不经挫折永天真。比起前几年，李万君成熟了好多，父亲的话他也越来越能理解了。看着父亲给自己写的信，李万君心里很不是滋味。

那几年，养狗的人多了，养狗就不太赚钱了。李万君逐渐把狗卖光了，狗场空了下来，只剩下一片空地。

父亲的信也使他回心转意，想干回老本行，把心思又放回到单位，李万君相信：坚持、坚持、再坚持，在别人都放弃时依然坚持，理想的彼岸一定就会更近。他静下心来学习电焊，不再今天想养狗、明天想开飞机的。这样一来，心也逐渐静了下来，睡觉也安稳多了。

直到很多年以后，他听到了一首歌，叫《父亲写的散文诗》。他觉得这首歌和当年父亲写的信一样，洋溢着老父亲的爱。

这是我父亲/日记里的文字

这是他的生命/留下

留下来的散文诗

几十年后/我看着泪流不止

可我的父亲已经老得像一张旧报纸

师傅领进门，修行在个人

1987年，李万君进入长春客车厂工作。上班之后，车间的领导给他们这一批刚参加工作的年轻职工都安排了带教师傅。分配给李万君的老师，就是杨立明。这位焊工师傅身材不高，但是有着工人特有的好体格。跟在杨立明身后没几天，李万君就发现，自己的这位师傅是整个班组里干活儿最快的，无论是焊接水箱还是焊接风缸，都能做到滴水不漏，而且成型非常漂亮，这让李万君敬佩极了。

一开始，李万君只能跟在师傅后面帮忙、打打下手，李万君自己根本没办法独立操作。因为上学时从没焊过这样复杂的水箱，刚上手焊接时，李万君的焊线像狗熊醉酒——连歪带扭，东一疙瘩西一块。眼看着师傅熟练轻巧地焊完一个个加工件，李万君眼热手痒得不行，跃跃欲试着想要独立操作。就这样看了一周之后，师傅杨立明终于交给李万君一个不锈钢小水箱，让李万君先试着焊一焊。

李万君高兴极了，回忆着师傅的操作手法，照猫画虎地开始焊了起来。焊完之后，他自己心里感觉还不错，凭借目测简单找补了一下漏点，就直接交给了师傅。可是没想到，等到工段检测焊接情况、加压找漏点的时候，李万君刚才焊的小水箱四处漏水，像喷头一样。"这哪是水箱啊，这不是漏斗吗？"检测员当着众多工友同事的面开起了玩笑，李万君的脸立刻就红了起来。

师傅杨立明看到这种情况，也没多说什么，马上带着李万君仔细地在水箱上找漏点，标记完之后再一个个补焊。要知道补水箱可比焊水箱费时费力得多，师傅补一个水箱的时间都能焊两个水箱了，这不是耽误事吗？李万君吃了这个教训，再也不敢耍急性子独立操作了，只能老老实实地跟在师傅身后认真学技术。

师傅杨立明能将手里的焊条使用得如行云流水一般，操作起来得心应手。每次焊接完成之后，师傅就用锤子轻轻一敲，焊皮立马就脱落了，露出里面银光闪闪的焊接缝，看起来就像一件艺术品，既精致，又美观。李万君佩服极了，他站在师傅旁边，目不转睛地看着师傅的操作方法，看完之后再向师傅取经。

没有人不辛苦，只有人不喊疼。师傅告诉李万君，焊接要人枪一体，要把焊枪作为胳膊的延伸，要眼中有枪，枪上长眼，指哪儿焊哪儿。为了给自己加油，李万君抄写了一些自己喜欢的座右铭，贴在床头激励自己。

⊙ 2003年的一天，李万君利用午休时间苦练客车水箱焊接本领

只有流过血的手指，才能弹出世间的绝唱。

我走得很慢，但我从不后退！

志在山顶的人，不会贪恋山腰的风景。

生活不是等暴风雨过去，而是在雨中翩翩起舞。

永远要寻找比自己更积极的人、比自己更积极的环境。

想要逃避总有借口，想要成功总有办法，一切取决于人。

人生最大的失败，就是总在放弃。

就这样，在师傅的指导下，李万君一边看一边学，从一开始焊出来的水箱成型不好，到后来慢慢开始成型了，速度也渐渐提了上来。后来，李万君焊接完的水箱，师傅也不用再送去加压测试了，直接教他用肉眼观察、寻找漏点。而李万君呢，都练得入魔了，只要看到任何有线条的墙，他的手指就不由自主地沿着线动了起来。白天看见车间地上画的走路线路，就想着怎么焊下来；晚上躺在床上，看见天花板上有条缝，脑子里也想着怎样能给它焊好。

积土成山，风雨兴焉；积水成渊，蛟龙生焉。李万君就是在这样无数次的加班练习中渐渐成长起来的。有的时候，整个车间的人都下班了，他们有的去喝酒，有的去滑旱冰，有的回农村种地，有的去看电影，这一切都与李万君没关系，李万君仿佛超然物外，他似乎没感到孤独，反而有一种独孤求败的畅快。有的时候火星溅到手上，李万君都感觉不到疼，那是因为他的全部注意力都在焊点和焊件上，他练习焊接几乎到了痴迷的程度。

石可破也，而不可夺坚；丹可磨也，而不可夺赤。

有一次李万君闹情绪，师傅就语重心长地对他说了一番话："石头怎么也不发光，金子却总会发光。只要你勤于学习、精益求精，有一身本领，你就会变成金子，你就早晚会像金子一样发光，照亮自己的人生。"

焊花如水，焊光似梦。那流光溢彩的电弧就这样闪过那些为生活奋斗的日子，也照亮了车间火红的岁月。

人要奋斗，要让青春灿烂起来。哪怕像焊花那样，只灿烂一秒钟，也要留下结实、质朴的焊缝。

环境打造人。在不断的学习中，吃苦、耐劳、敬业、钻研、创新、爱国、爱厂、爱家……这些优秀"基因"渐渐融入李万君年轻的生命中，入骨沁髓，并伴随他的进步成长。

俗话说得好：台上一分钟，台下十年功。通过这样的苦练，李万君成了车间里焊接手最稳的工人，厂里的老师傅们都夸他手眼配合得好，又非常稳当，焊接出来的零部件就像自动焊接技术焊出来的一样。

人生苦短，能把一件事做好，就已经很好了。李万君开始迷恋上电焊。有时晚上在土炕上望着满天星辰发呆。

女娲补天，用掉焊条几千万？

火山爆发，是否地心惊天一焊？

巨雷闪电，是否神仙当空电焊？

陨石落地，是否是外星焊渣落人间？

　　在父亲和师傅的劝说和引导下，经过仔细思考，李万君开始踏踏实实干工作，他干什么就研究什么。李万君比当初养狗更着迷于练技术，每天都要焊掉两三包焊条。这种勤奋钻研的风气使得当时的水箱班创造了千个水箱无泄漏、万米焊缝无缺陷的奇迹。李万君、谢元立等一大批焊接工人迅速成长起来，当初被人看不起的水箱工段也成为长客焊接系统的"黄埔军校"。

　　青春不是用来挥霍的，是用来吃苦的。是狼就要练好牙，是羊就该练好腿。李万君勤于钻研，勇于创新，练就了许多过硬的焊接本领。他同时拥有碳钢焊接、不锈钢焊接等六项国际焊工（技师）资格证书，掌握了氩弧焊、二氧化碳气体保护焊及MAG焊、TIG焊等多种焊接方法，对于平、立、横、仰和管子等各种焊接形状和位置也十分精通。可以说，是众多劳模榜样帮助李万君成就了自己，也是他们使李万君形成一个正确的人生观，只有如此，李万君的人生之路才走得正、走得直、走得顺，才能走向美好的明天。

　　努力不是给别人看的，而是给自己一个交代。两个人工作一天，混合干，看不出来有什么区别。但半年过后，聊天的话题便不同了；一年过后，技能就不同了；两年以后，两个人的人生道路就会截然不同。人的一生，年轻时觉得遥远，年老时一看就是瞬间。我们都是行者，都在默默前行。人生无论走了多远，都不要忘记来时的路；人生中，不论世界如何变化，都要有定力。不忘初心，方得始终；初心易得，始终难守。

　　"德操然后能定，能定然后能应，能定能应，夫是之谓成人。天见其明，地见其光，君子贵其全也。"

热爱学习的"李教头"

学习是吃苦的，年复一年的学习更苦，充满考试、补习班、父母监督抱怨的学习更苦。可是人生就是这样，少年青年时不吃学习的苦，中年老年就要吃生活的苦。少年青年吃学习的苦才十几年，中年老年吃生活的苦却是大半辈子。

中国高铁日行千里，焊接技术日新月异。李万君一有时间就加强自己的学习，不是在学习，就是在准备学习的路上。

大鹏之动，非一羽之轻也；骐骥之速，非一足之力也。

高铁转向架焊接人才缺乏，成为制约中国高铁发展的瓶颈之一。

2008年，长客引进德国西门子时速350千米高速动车组技术，但与之相匹配的高技能工人十分缺乏。德方提供的转向架焊接试验片，只有李万君一个人能焊出来。为实施新项目，公司成立新产品车间，抽调高素质人员，还从技校招来四百多名学生加以培训，要求短时间内就要形成生产能力。

单位的领导一致决定，由李万君担当培训教师。接到通知后，李万君既兴奋又有些紧张，从一名工人一跃变成一位"老师"，为了扮演好这个新角色，他加强了学习。为了买到最新焊接类的书籍，他几乎跑遍了长春的各大新华书店，重庆路、桂林路等繁华商业区都留下他奔走的身影。

李万君学习时经常做笔记。为了更扎实地掌握知识和技能，他很少死记硬背，都是先理解知识点，在理解之后，把书上的知识融会贯通变成自己的智慧。

李万君能够将学习和实践结合，把学到、看到的技术和车间焊接实操、班组教学相结合，学以致用。

什么不会学什么。制作PPT课件，一开始李万君找人帮忙，后来回家拜女儿为师，终于学会了，并且越做越好。

李万君提高焊接技术的秘籍就是勤奋。李万君上马当焊工，焊接转向架；下马当教头，教徒弟们焊接。十八般武艺，样样精通：熔焊、压焊、钎焊、电弧焊、氩弧焊、二氧化碳气体保护焊、氧气-乙炔焊……李万君经验丰富，倾囊相授，有一整天的电就发二十四小时的光，"死磕"焊接技术的传承。

为了挤时间学习，李万君去各个工位和上厕所都一路小跑，生了病就吃药顶着。每天大量上岗实操教学，中午食堂饭点儿先不去，等大家吃完了再去，就是为了节省点儿排队的时间。晚上还要经常写教程到半夜。电焊工作脏、累、苦，尤其夏天，那就是免费的汗蒸。讲课比焊接干活儿还费心费力，就这样，不到两个月，李万君的体重掉了十多斤。

李万君的徒弟越来越多。成百上千的焊接弟子，让李万君成为"焊接派掌门"，江湖人称"李掌门"，是长客车钳铆电焊的"五大掌门"之一。

⊙ 20世纪90年代初，李万君经常到全国各地修补焊接火车水箱

问渠那得清如许，为有源头活水来。"李掌门"在传授焊接技能的同时，也给徒弟们"煮心灵鸡汤"喝："车加油，人吃饭，不死就得干。你们一定要学门技术，过去一铺养三代，就是说有个门市就能够支撑三代人做小买卖谋生了，现在行吗？不行了，现在都是互联网经济，人们都在网上购物了，很少去门市了。所以，要学好一门手艺，一技养三代。"

"神枪手是子弹喂出来的，好焊工是焊条烧出来的。手要稳住，心要沉下。读书破万卷，下笔如有神。作文如此，当焊工也是如此"。

老师带头学，学生紧跟学。最终，四百多名学员全部提前半年考取了国际焊工资格证书。

有一次，李万君中学同学聚会，酒足饭饱后，大家谈起如果能穿越时间隧道回母校，想干点儿什么。李万君说："我要是能变成中学生，一定珍惜时光，不仅数学要是强项，还要学好语文、英语，不再偏科。"

青春如河水，一去不回流，逝者如斯夫。

 | 第三章　中国高铁焊接大师

第一次获车间比武冠军

路漫漫其修远兮，吾将上下而"焊接"。

来到长春客车厂上班以后，李万君发现厂里对技术是非常重视的，每年都会在车间举办技术大比武和技能大赛。是骡子是马拉出来遛遛，这是青年工人崭露头角的好机会。

1988年，在参加工作的第二年，李万君就积极地参加了车间的技术大比武，凭借着扎实的基础和勤奋的训练，他获得了车间第一名的好成绩。这是李万君职业生涯中第一个冠军——车间焊接冠军。

当时的检查员刘健一看到李万君焊接零件的焊缝，就知道这是有真功夫的，对李万君赞不绝口。这次车间内的技术比武规模比较小，也没有奖金，只奖励给李万君一个双肩背包，但这也是一种荣誉，足够让李万君激动一阵子了。下班回家以后，李万君把这个冠军奖品双肩包给了大弟弟，就像当年父亲把大红花给了他一样。这次车间技术比武第一名的成绩还给李万君带来了一个意外之喜——车间选派他作为代表去参加全厂青年职工大赛，这可是很光荣的事情，要知道其他参赛的选手大多是三四十岁的老师傅，只有他一个是刚进厂的年轻人，这背后的信任让李万君心里暖融融的。

全厂比赛走麦城

李万君参赛也不是一帆风顺的，他不是天生高手，也经历过失败，也走过麦城，但失败不可怕，可怕的是失败之后的一蹶不振。因为只有永不放弃，才能在未来的道路上摘金夺银，越走越远。

上次李万君夺得了车间焊接比武冠军，接下来就该准备参加厂里的比赛了。但是计划没有变化快，单位来了一批急活儿，李万君根本没时间练习，只能硬着头皮上。当时，李万君对自己还是有信心的：我是全车间第一，我们车间是焊接大车间，我在全厂比赛中拿不了冠军也能拿个亚军吧？没时间练习焊接技术、盲目自信、比赛"轻敌"、技术不到火候，为李万君参加全厂焊接比赛的失败埋下伏笔。

这一天长春客车厂职工技术比赛开始，车钳铆电焊，谁是英雄，谁是好汉，比赛场上见。李万君参加的还是焊接工种比赛，以前他的最好成绩是水箱工段车间级别的焊接冠军，这次参加全厂的焊接比赛，按理说应该能取得好成绩，不拿冠军也得拿个亚军。可一日不练手生，三日不练心生。由于他赛前疏于练习，又是匆忙上阵，因此，只取得了第四名的成绩。比赛只取前三，第四名是"打狼队"队长，什么也没有。

比赛结束后，举行颁奖仪式，李万君作为参赛选手不能走，只能在台下鼓掌。当看到工友们兴高采烈地上台领奖时，李万君有些失落，也感到丢人，当台上领导念完所有工种上台领奖名单，最后也没有自己名字时，李万君感到自己像考试不及格的学生，恨不得找个地缝钻进去躲起来。学技术，来不得半点儿糊弄。他暗暗发誓，今后要把每次焊接水箱都当作比赛练习，都要精益求精。做人，就得对自己狠一些，不看别人怎么样，就看自己不顺眼，不与天斗，不与地斗，就跟自己斗，就跟自己杠上，一定焊出个样。

为了大彩电，我要去夺冠

1996年的秋天，李万君又迎来了一次非常好的机会。长春市计划举办一次市级的焊接大赛，获得比赛冠军的，能得到一台大彩电。那时彩电可是稀罕物，李万君父母家，包括自己家都只有黑白电视，要是参加这次焊接大赛获得第一名，就能得一台大彩电，到时候可以把彩电搬到父母家，等过年时就能一起看彩色的春晚了。一想到这儿，李万君练习焊接就更起劲儿了。

由于李万君在厂内比赛中获得了很多非常亮眼的成绩，厂工会领导第一个就想到了他，并问他想不想参加这次比赛。听到这个消息，李万君心里非常高兴，领导能够第一个就想到他，这是对他实力的一种肯定。他心想，总在厂里拿第一也不算什么本事，这次全市范围内的比赛，各个工厂都会派出自己厂内的顶尖高手，这样一比较，才能看出来自己到底是个什么水平，于是，他毫不犹豫地填了报名表。

长春客车厂作为一个拥有一万多名职工的大型工厂，也有自己的宣传部门、电视台和记者。当时，厂内的电视台想要针对这次全市比赛做一期节目在电视上播放，电视台的记者曹国禄就扛着摄像机来到了水箱班的工作现场对李万君进行采访。车间主任艾连忠把他带到李万君工作现场时，李万君正在焊接一个水箱，主任指着李万君对记者说道："这就是李万君，你采访吧。"

李万君见状摘下头顶的焊接帽，摄像机的镜头一下子就对准了他，记者兴奋地问道："万君啊，你说一下，这次代表长春客车厂去参加长春市焊接大赛，你有没有信心取得好成绩？"李万君刚刚从闷头工作的状态中反应过来，看着眼前的摄像机，一时有些发愣。他年龄不大，说话也不会拐弯抹角，就对着摄像机直接说出了自己的心里话："这次代表长春客车厂参加长春市焊接大赛，我不是很有信心，因为比赛有理论考试，而我手中的理论资料非常有限。"

听见李万君如此耿直诚恳的剖白，记者赶紧把摄像机放了下来，打着手势示意他先停一下，"这么说可不行呀，你这么回答，我们回去没法播放啊。你必须得说：'我有信心代表长春客车厂参加大赛，有信心取得好成绩。'得这样说才行"。李万君无奈，只得按照记者的意思，依葫芦画瓢说了些场面话。

采访结束后，记者拍到了想要的素材，高高兴兴地走了，还向李万君保证，当天晚上就能在电视上看到他的发言。可另一头，李万君开始着急上火了。他是一个实实在在的人，心里暗暗地想：今天已经在电视上当着全厂一万多职工、几万家属、所有同事的面把牛皮吹了出去，若是一个月后不能在大赛上取得好成绩，以后在厂里，他这张脸要往哪儿放？

下了班，李万君没有回家，他骑着自行车去了与长春客车厂只有一墙之隔的母校长春客车厂职业高中，找到了当时电焊班的班主任吕钟奇老师，向她说了自己的情况。吕老师听到自己的学生要代表长春客车厂去参加长春市焊接大赛，心里十分骄傲，她对李万君说："万君啊，你就把实操练好，理论题的资料包在我身上。"这之后，吕老师请假四天没有上班，帮李万君搜集、抄写了大量的理论题，交到李万君的手中，李万君对昔日老师的帮助十分感恩，为了不辜负老师的殷切期望，他花了一周的时间将手里的资料全部吃透了。在李万君日夜不辍的勤奋苦练中，长春市焊接大赛眨眼之间就到来了，比赛场地就在负责出题的小南锅炉厂。

李万君兑现了电视台记者许下的承诺，这次全市大赛，他顺利地取得了第一名的成绩。长春客车厂的车间里有一个告示栏，上面贴着一张关于李万君获得全市比赛第一名的喜报，为了让全车间的人都能看到关于自己的好消息，同事特地在这张喜报下面用笔画了一道，特别醒目。每次路过告示栏，李万君都特别自豪。

"一只眼"能获全国比赛冠军吗

雪压枝头低，虽低不着泥。一朝红日出，依旧与天齐。

2005年，国家组织举办了中央企业职工技能大赛，这是国家A类一级大型比赛，规格极高，各个单位选派的参赛人员也都代表着各自的最高水平。当时，中国北车股份有限公司已经是拥有十七家下属单位、六七万名在岗职工的大型集团了。为了遴选出最适合的参赛选手，每个单位都派出三名员工到西安车辆厂参加选拔赛，最终只有前三名能够参加全国大赛。在这次优中选优的选拔赛中，李万君最终获得了第三名的成绩，刚好有资格参加这次全国范围的中央企业大赛。

醉里挑灯看剑，梦回吹角连营。2005年，在备战中央企业职工技能大赛的前四个月，李万君每天天不亮就到车间练习，晚上回家背题背到后半夜。那时候他们一家三口住在三十多平方米的小房子里，为了不影响娘儿俩睡觉，他就用床单挡住玻璃，怕一开门发出响声，就在门轴上浇上豆油。李万君自己一个人躲到厨房背题，困了用凉水洗把脸，再困就吃几口大葱，边吃大葱边看书，太困了就用衣服蒙头，穿着毛衣打个盹，有时甚至背题到天亮。吃口饭，又去车间练习电焊实操。

⊙ 2005年，37岁的李万君参加中央企业职工技能大赛焊工决赛，被国务院国资委授予中央企业技术能手称号

成功像冰山。我们只看到冰山一角露出水面，没看到更大的山体在水下默默支撑。

有目标的人睡不着，无目标的人睡不醒。李万君为了打比赛太拼了，熬夜、吃饭不定时，人也消瘦了。有一次，李万君还昏倒在训练现场，车间的工友七手八脚把他抬到厂医院，输了液才缓过来。身体好一些，李万君又出现在训练场地上，只要不倒就要练，只要不病就要焊。

然而，生活就是这样，意外还是来了。就在全国大赛前一个月，李万君正在练习焊6G管，斜45°大管，氩弧焊打底，电焊盖面。焊接完成以后，李万君照常摘下焊接帽，准备像平时一样用肉眼观察一下焊接缝。谁承想，管件在强烈高温的作用下，突然溅射出一块高温氧化皮，正好打到了李万君的左眼。李万君顿时感到一阵钻心的疼痛，赶紧捂着眼睛去了厂内的职工医院。

医生检查过后告诉李万君结果：高温氧化皮刚好打在了眼球的正中间，形成一块烫伤，好在伤口处理得及时，经过妥当的消毒、包扎，现在已无大碍。但是必须每天换药，并且要戴半个月的单眼眼罩，避免伤口感染影响视力。

对于正在准备全国大赛的李万君来说，这真是一个迎头打击——众所周知，两只眼睛同时看物体，立体感和方位感才更强，才能形成准确的视觉感知。只用一只眼睛看，对于焊接工作来说，是有着致命影响的。已经脱产训练了这么久，只差一个月就要进行比赛，这时出了意外，再要临时换人顶替已经来不及了，厂里的领导知道了这个情况以后都为他难过和担心。当然，

⊙ 2008年，40岁的李万君获得人力资源和社会保障部颁发的
　全国技术能手称号

最难过、最着急的还是李万君自己。看着另外两名参赛选手每天至少都要练习焊接三套试件,他根本就安不下心在家养病,于是他就每天给受伤的眼睛戴上眼罩,在只有一只眼睛能观察的情况下,坚持来到培训中心,继续进行学习和训练。有的同伴开玩笑说:"不是我不明白,是世界变化快。看看,这打扮像海盗啊,海盗干电焊了。"

李万君听完一笑,他不在乎自己的形象,只在乎单位形象。下班后,也坚持用一只眼睛看远处的电线,看近处的桌子、凳子,回家了还用一只眼睛练习穿针引线,寻找一只眼的使用技巧。

皇天不负有心人。在最后半个月的刻苦练习下,李万君克服了一只眼睛看不清焊接缝、掌握不了高矮宽窄的困难,逐渐适应了用一只眼睛进行焊接操作。

枪作霹雳电,沙场秋点兵。最终,李万君在那一届全国大赛上获得了二氧化碳气体保护焊单项第一名的好成绩,他焊接的作品被大赛组委会选作唯一的板状试件进行展示。同时,他还获得了焊接分数总排名的铜奖,被大赛组委会授予"中央企业技术能手"的称号。经过这次全国大赛,李万君一跃成为全国范围内业界人士公认的行家高手。

天道酬勤,吃苦加钻研,让李万君在全国的各种焊接大赛中越走越远、越跳越高。

2011年2月,四十三岁的李万君荣获人力资源和社会保障部颁发的中华技能大奖,至此,李万君实现全国焊接比赛"大满贯"。

锲而舍之,朽木不折;锲而不舍,金石可镂。

绿皮车车厢焊接的终极目标就是滴水不漏，李万君蹲、躺、立、卧、仰、俯、趴、跪……十八般姿势焊水箱，焊接时心无杂念。看着焊接烟尘和焊花飞溅，仿佛他的激情也在燃烧。他做到了水箱焊接的极致，这种滴水不漏、追求完美的工匠精神，也深深刻印在他今后的人生与工作中。

滚滚长江东逝水，浪花淘尽英雄。绿皮车"焊接王"李万君凭借着十几年的刻苦磨炼，焊接技术达到了精益求精、炉火纯青、人枪一体的境界。一把焊枪，枪如蛟龙；百朵焊花，神出鬼没。出长春，进北京，赛江南，荣获车间冠军、厂冠军、市冠军、全国冠军。

"李一枪"突破国外卡脖子的转向架焊接技术

高铁吞山河，蜀道不再难。如今的我们，快意享受高铁速度，尽情欣赏明媚春光。云贵猿声啼不住，动车已过万重山。

焊花千遍语，焊枪万重情。焊枪就是李万君手臂的延伸，焊铁焊铝焊青春，焊出铿锵激越，焊出力透铁壁，焊出荡气回肠；焊花如跳舞的精灵，冷艳孤傲落粉尘，照亮李万君的是枪的风骨、人的精神。

虽然李万君小的时候梦想成为一个画家，然而现实中他只是一名电焊工，那么李万君就用焊枪作画笔，在冰冷枯燥的钢铁上作画，给钢铁以温度和活力，最终使得每个焊件都成为无可挑剔的作品。对李万君来说，他的梦想实现了。

"是谁渴望永久的梦幻，难道说还有赞美的歌？还是那仿佛不能改变的庄严……"李万君，正是用他的焊枪绘出一条从普通焊工到高铁焊接大师的神奇画卷。

中车长春轨道客车股份有限公司目前是世界上生产规模最大、装备水平最高、研发能力最强的高速动车、城铁车转向架的研发、制造、出口基地。但想当初，长客可是一台转向架也生产不出来的。

1991年，铁道部组织专家完成《京沪高速铁路线路方案构想报告》，第一次正式提出要建设"高速铁路"。

高铁，中国国家铁路局的定义为：新建设计时速为250公里至350公里（含），运行动车组列车的标准轨距的客运专线铁路。动车，全称动力车辆。

2007年，李万君带领劳模工作室成员参加了"和谐号"的生产工作，主要攻关转向架焊接，这是他第一次面对来自未知领域的挑战——参加工作这么多年，李万君从来没有参与生产过行驶速度这么快的列车。之前，李万君参与焊接的都是时速100公里左右的绿皮火车上的零件，而"和谐号"的标准时速是250公里，速度提高了一倍多，对安全性的要求也有了巨大的提升。

众所周知，在轨道交通装备领域，转向架相当于人的双腿和双脚，负责牵引车辆沿轨道行驶，承受和传递来自车体以及线路的各种载荷，这个直径仅有20厘米的焊接环口，不仅要承载整车约50吨的重量，更要承载千余名乘客的生命安全。

在李万君劳模工作室参与生产以前，"和谐号"上的转向架都是花大价钱从国外采购的，再由国外的专家指导安装。我们虽然花了大把的钞票购买了图纸，却无法接触到最核心的生产技术。为了走出这个困局，我国第一个转向架焊接生产的任务，就交给了李万君劳模工作室。当时，李万君被誉为客车厂焊工第一高手，多次获得全国大赛的第一名，但是在面对这个转向架时发了愁。李万君蹲在转向架边上苦苦思索，不是焊枪、焊条的问题，不是焊接成型的问题，一定是焊接方法有问题。

李万君趴在冰凉的样件上一琢磨就是几个小时，一连几天，几乎每顿吃的都是凉饭，困了就睡在椅子上，心里有事，睡不踏实，常常一个激灵就坐起来，洗洗脸再想再焊。按李万君的想法，一个小管插在一个大管里，就得把横梁和侧梁连接的部位焊一圈，因为动车的速度快，所以就得把焊缝焊得越厚、越高、越结实才行。于是，他就一段一段地把焊缝焊得非常高、非常厚，接头也非常多。这样，架子焊完了，也修磨完了。李万君信心满满，估计八九不离十，这次应该能成功。

过了一周，公司的技术员和几个外方人员来到现场进行首件鉴定，看看到底能不能生产。人家一检查，就说了很多"No"，说"中国焊工不行"、焊脚高了、接头多了等。当时弄得李万君满脸通红，中午饭都没吃好。李万君心里憋了一股气，心想，外国人能干的，中国人也一定能干出来。有没有什么新的焊接办法呢？

世上没有从天而降的英雄，只有挺身而出的凡人。在工作室反复的研究试验中，李万君发现了一个规律，那就是一边焊一边走，围绕转向架环口焊缝转一圈，把其中一个接头焊在后面，最后再把后面的这个接头打磨一下，这样完成的环口焊就像艺术品一样了。"那么，能否一枪把这个环口焊下来呢？"李万君提出了这个想法，来自阿尔斯通的法国专家认为这不可能实现。

李万君不信邪，输也要输在进攻的路上。就在李万君一次次试验、一次次磨合中，他发现：当焊枪嘴挨着大管子根部时，人可以呼吸、眨眼，移动脚下的步伐，轻轻动动身体；当焊枪焊到焊缝外部时，必须屏住呼吸，瞪大眼睛，不能咳嗽，不能与人交流，甚至不能随便眨眼。在围着构架行走的过程中，随时都要变换身体的姿势，就这样边焊边走，围着它转一圈，就可使焊接过程只产生一个接头。就这样，李万君一气呵成把转向架焊接完成了，600毫米没有节点、没有瑕疵，保证了焊接的内部质量。

李万君敢于第一个吃螃蟹。焊接完了，李万君对自己鼓捣出来的焊件也不敢打包票，毕竟过去都不是这样焊的。就这样，又过了一周，几个外方人员到现场检查，看了李万君焊接的转向架后非常惊讶，向翻译和公司领导说：真的没有想到，中国焊工从不会焊到焊得好，只用了不到一个月的时间，中国焊工太厉害了！而且无论是焊缝外观、探伤，还是高度差、宽度差、咬边、正面和背面成型，都几近完美。"世界上最牛的焊接机械手都无法完成的任务，他'一枪'做到了。""李一枪"的美名也传开了。

解决了高铁卡脖子技术之一的转向架焊接问题，中国高铁才

⊙ 20世纪90年代初，李万君在自己焊接的列车旁

逐渐"牛"了起来。外国人在转向架焊接技术这一领域卡中国人脖子的时代一去不复返了。由此开始，我国终于掌握了高铁核心部件转向架的焊接技术，由李万君发明的焊接方法也获得了集团公司和吉林省的创新奖。从此，"和谐号"的转向架就全部都由中国焊工进行焊接并投入了批量生产，再也不用依赖外国进口，保证了中国高铁自主研发的顺利进行。

李万君和千千万万个中国工人一起当空写下四个大字：中国制造。

第四章　劳模故事

学少林，练"焊功"

绝活儿难练，那"焊接武功"是怎么练成的呢？

李万君每天要熟悉各种姿势的焊接操作。电弧烘烤，焊花灼烧，汗水浸润，加上俯仰、跪卧等不同姿势的反复实践，吃尽了苦头，焊接技能也迅速得到了提高。

打铁还需自身硬。焊接的基本功就是下盘稳如泰山，手臂动如蛟龙，腰稳腿稳，无论是蹲着焊接，还是站着焊接，都要心如止水、人如磐石。焊接需要胳膊有力，举起焊枪就像士兵举枪射击一样，要一点儿也不能晃。焊接需要焊条点得准，焊接的线要控制自如，要笔直得像用格尺画出来的一样。那时的李万君身体瘦，人虽然机灵，但耐力不够。花拳绣腿不能干电焊，必须有好体力、好功夫。哪有卖"武林秘籍"的？怎么能有这样的基本功呢？

一天，李万君想到了电影《少林寺》，里面的和尚为了练习武功，用双臂平抬起满桶的水回寺庙，练习骑马蹲裆式……好，向少林寺和尚学习，也回家练习蹲马步，提高自己的焊接功底，以便在长春市焊工大赛中取得更好的成绩。

说干就干。这天下班，李万君在外面捡两块红砖回家，吃完饭，妻子苑红霞突然笑个不停，喊正在写作业的女儿奇奇来看："奇奇快来看，你爸练武功，要去少林寺当和尚了。"女儿嬉笑着跑来一看，也笑得趴在桌子上。笑够了，顺顺气，奇奇对妈妈说："我爸还需要剃光头。"只见李万君穿睡衣睡裤，两腿分开，身体蹲下，练蹲功；双臂向前平端，练习臂力；右胳膊弯下面还坠着半块红砖，右手拿一支奇奇练书法的毛笔，毛笔已经蘸水，在墙上糊的报纸上画横线，练手稳。冬练增力，夏练增气。李万君开始时练出一身汗，毛笔也画不直，后来练得"武功"大长，站如松，坐如钟，行如风，臂如弓，每次练习二十多分钟，最后画的笔道道也粗细均匀，直如一条线，像用格尺画出来的一样。

为什么不喝饮料

正己而后可以正物，自治而后可以治人。成功的人往往有一个共性，那就是在为实现理想而奔跑的路上，自律不息，管住自己。律己胜于律人。

其实人生树立远大理想易，为实现理想而严于律己难。能够一辈子严于律己，哪怕在一些细节上也不放松自己，这样的人才是言行一致的人，才是有成功内力的人。

律己，是发自内心的强大力量，它不是在父母、师长、领导监督下才产生的被迫服从行为，而是"我要管住自己"。勿以恶小而为之，勿以善小而不为。这种自律的力量是世界上最强大的力量之一。

自律是成功密码，也是人格力量。自律是一种信仰、一种素质、一种美德，它会让你感到信心倍增、内心强大，并永远充满积极向上的力量。年复一年的自律，会让自己在技术、知识、体能、心理等方面不断积累。

做一名焊工并不轻松，伴随着嘈杂的设备声，人要蹲着、跪着、躺着去找适合的焊接角度。高温酷暑，裹在防护服里一身汗。因为焊接时对风速有要求，现场不能吹风扇，身上的衣服湿了干、干了湿，一天下来浑身汗渍渍的。

李万君参与试制时速250千米动车组时，列车转向架每天要承受零件的反复碾轧，如何将横梁与侧梁间的接触环口焊接成型，成为转向架生产的瓶颈问题。为了保证焊接一气呵成，李万君无论怎样口渴，也管住自己，从不喝产生气体的饮品，防止打嗝手抖影响焊接，尽量保证每次焊接都一次而成。

岁月是把杀猪刀，多少细腰变粗腰。2017年前后，李万君中年发福，身高1.71米的他，最胖时有77.5千克，虽然看上去也不算胖，但李万君还是感到自己在焊接时有些不方便，腿蹲一会儿就累，电焊不多久就出汗。本来需要一气呵成的多角度焊接，由于身子笨，不仅不方便别人观摩学习，李万君自己也感觉不太灵活。于是李万君决定减肥。

李万君减肥不吃药，就是老办法——管住嘴，迈开腿。

管住嘴，就是一日三餐都减量，只吃七分饱。即使参加亲戚朋友聚会，也不多吃。最开始的时候，一到晚上快10点，就饿得闹心，腿不听使唤地就想往厨房走，可到了厨房，李万君犹豫再三，还是管住自己，喝了一肚子白开水。

迈开腿，就是多走路。晚饭半小时后，就下楼在小区里快走，每晚不少于五千步，雨雪不误。即便是出差去外地，工作完了，晚上在宾馆附近，也要快走五千步以上，走得身体微微发热再回宾馆。

男人就要对自己狠一些。李万君不怕饿、不怕累，日复一日锻炼，效果也渐渐出来了，体重从77.5千克降到不足72.5千克。

"蒙眼闻声辨焊质"的绝活儿

工匠精神就是精益求精。把一件工作做到极致，就是绝活儿。

已故全国劳模、北京百货大楼售货员张秉贵，就练就了绝活儿"一抓准"——顾客要多少糖果他就一把抓，误差不会超过两块。全国劳模、原山东省青岛港明港公司桥吊队队长许振超，他的绝活儿是"一钩准"——码头集装箱上有四个锁孔，从几十米高的桥吊上看下去，很难分辨，吊具放下去时在空中摆荡着，许振超钩头起吊平稳，钢丝绳走"一条线"，一次把锁眼都对上了，把集装箱抓牢靠。

⊙ 经多年摸索，李万君练就了"蒙眼闻声辨焊质"的绝活儿

李万君的焊接"绝活儿"是什么?

其中一项就是"蒙眼闻声辨焊质"。经过多年经验的积累,他可以做到不用肉眼观察,只通过听声音就能辨别出焊工焊接质量的好坏。

在使用二氧化碳气体保护焊焊接过程当中,会发出"吧嗒吧嗒"的声音。当工人操作规范,焊接得非常好的时候,"吧嗒"声是均匀而有节奏的,声音比较悦耳。反之,当电流和电压配比不好的时候,这个"吧嗒"声也会随之变化。

根据这个规律,李万君站在焊工身后十几米的地方,就能凭借焊工焊接时发出的声音,准确判断出焊工的焊接是否规范,也能判断出焊接的质量优劣。有一次,李万君所在车间的班长张庆哲找到他,询问他焊缝下淌是怎么回事。李万君过去一看就明白了症结所在,回答道,这是电压调大了,温度太高。在场的同事们都半信半疑,正在这时,恰好十多米以外一个焊工正在进行焊接,李万君听到了如同机关枪一般清脆的"噼里啪啦"声,就跟大家说,这个声音代表着电流过大、电压过小,但这个焊工焊接完成的焊缝边缘不会淌流,而且焊接速度也会比较快。众人凑到这位焊工跟前一看,果然如此,这下子大伙都对李万君心服口服了。

一个小气孔也不放过

工匠精神就是在细节上也一丝不苟。一次次大会战，让李万君知道了车辆出厂的不易，他深知"必须保证质量，只让精品出厂"的道理。李万君常对工友们说："我们要生产制造合格产品，这一节节车厢不仅是我们的饭碗，而且还关乎千千万万名乘客的安全。饭碗要靠自己捧，人民的安全也要靠咱们来守护，质量不能糊弄，要造就造最好的客车。"这种融进了血液里的质量意识让李万君干起焊接来"一根筋""死心眼儿"，研究问题也总是"钻牛角尖"、一丝不苟，也只有这样才能保证焊件零缺陷。

工匠精神对产品质量的保证，也许会迟到，但绝不会缺席。

一次，下班已经很晚了，车间就剩李万君自己了，他收拾完工具走到焊件这儿转一转，突然发现焊缝上有两个小米粒大小的气孔，他心里记下了，准备第二天再来处理这个瑕疵。可走出工厂不远，车间就用传呼的方式通知他第二天上午去参加一个会议。于是他赶紧转身回到车间，拿出工具把有事故隐患的焊件处理好，因为他担心明天上午这个瑕疵的焊件会被拿走。

同样的老师，同样的学习环境，同样是在努力学习，为什么有的同学考100分，有的同学考97分？不差别的，就差细节，就是看你马虎不马虎。

烫煳了右脚大拇指趾甲

　　长客一直强调安全生产工作，但焊工是个特殊工种，李万君焊接三十多年下来，特别是早些年，浑身上下不可避免地被烫了无数疤痕，大烫坑挨着小烫坑，数不胜数，胳膊上烫的白点，后来都增生了。早些年差不多每周都会被烫到，轻烫出泡，重烫出坑，脸上、脖子上、胳膊上都有烫伤，大多像火柴头大小，有的烫伤都"叠罗汉"了。李万君身上数不清的烫痕，仿佛他参加各种表彰大会时身上挂满的枚枚勋章，成就了一个焊工的工匠传奇。

　　焊工挨烫，大多是在焊接时，焊接工作不能停，所以烫了也要坚持把焊件焊完。身无千斤担，谁愿浑身烫个遍？

　　正是千万个李万君式的中国高铁职工的默默奉献，才使得今日中国高铁技术走在世界前列。正是亿万个李万君式的中国工人的奋力拼搏，才有现在中国工业在全世界的赶超跨越。

　　衣裤烫洞终不悔，为伊消得人憔悴。且焊且烫，且烫且焊。李万君手里拿的是焊条和焊枪，胳膊、腿上是烫伤，心里装有火车开往的远方。

⊙ 2017年2月12日，李万君连续焊接后，在车间一角休息

　　干自己专注的事情，会让一个人元气满满。李万君焊起活儿来，眼睛里只有焊接活儿，焊条点到哪里，他的精神就集中在哪里，其他事情都忘了，吃饭也能忘，防烫伤也能忘，烫伤了也不动，先把工件焊出来，忘掉一切，认真苦干。

　　1992年夏天，李万君有一次烫伤很奇怪，焊豆像洲际导弹一样，精确制导，直接钻到右脚鞋口里，那时厂里发的是带钢头的劳保鞋，前面特别结实，鞋里面密不透风，焊豆还是从鞋帮的露口处钻进去的，烫得李万君赶紧晃脚，晃脚也挡不住焊豆，那个焊豆带着几百度的高温，只降温不减速，就地十八滚，最后落在右脚的大拇指趾甲上，焊豆被鞋挤住了，也把剩余的几百度高温都释放在大拇指趾甲上，等李万君好不容易脱了鞋，大拇指趾甲已经烫煳了，还有一股烤焦的味道，李万君简单处理处理就又工作了。

　　夏天，焊工的脚大多出汗，潮湿，就会臭袜子、臭脚丫子，李万君那时也这样，钢头劳保鞋前面的铁生锈了，也有污染。由于没有及时处理伤口，右脚烫伤处感染了，这次不是感染在皮肤上，是感染在大拇指趾甲里面，最后导致李万君右脚大脚趾得了灰指甲病。

　　李万君右脚的灰指甲越来越重，他到厂医院看了，医生开了一些药，他抹了很久，不见好。焊工怕烫伤脚，穿的鞋都比较厚，焊工是力气活，脚都爱出汗，车间灰尘大、温度高，在这种环境下，灰指甲更不容易好了。妻子苑红霞每天看李万君早上像个正常人一样去上班，生龙活虎的，晚上回家脚上灰指甲更加严重，再坏下去，大拇指趾甲就要全掉了，就四处打听偏方。

1992年秋，苑红霞找来个偏方，说这个办法慢，需要一直坚持才可能有效。李万君听了高兴地说："没问题，你老公不会别的，就会坚持。"就这样，苑红霞监督李万君每天按时上药，经过一年半的治疗，他的灰指甲在妻子的精心照顾下痊愈了。

你受过的苦、吃的亏、担的责、扛的罪、忍的痛，最后都积累成光，照亮你今后的前程。

伤痕累累，成就李万君"皮糙肉厚"；焊花飞溅，炼成李万君"金刚不坏之身"。

《挑战不可能》：钢丝吊汽车

2017年，李万君接到了中央电视台《挑战不可能》栏目组的海选通知。《挑战不可能》是央视推出的一档大型励志挑战节目，涉及对嘉宾技艺、体力、脑力、机械等多种类型的考验。这档节目的主题从人类最原始的"勇敢"出发，展现的是嘉宾们挑战自我的勇气和精神，而非仅仅单纯展示奇技和极限本身。

李万君接受的挑战就是用钢丝悬吊起重达两吨的福特汽车。挑战规则要求李万君以立焊的方式，先将钢针一端焊接在车顶吊装的钢丝上，然后再将钢针的另一端焊接在车顶钢板上，形成受力结构。只要悬吊起两吨重的汽车保持十秒钟，就算挑战成功。

李万君又琢磨了许久，加之他也想挑战一下自己的极限，就将原来的装置改为钢针焊接钢针，上面再焊接一根一米长的铁丝，每根钢针直径还是1.8毫米。经过在试验场地的反复尝试，终于成功吊起了两吨重的箱子。他又将钢针数量减到16组。经过一连串的测试，李万君发现16组应该就是钢针数量的极限。这16组钢针正好可以承重两吨，再减掉其中任何一组都不行。经过这么多道工序的焊接后，还必须保证所有钢针的受力都是均匀的，能够稳固地承受两吨重的力，可以说，这确确实实是一个"不可能的挑战"！

节目录制当天，排在李万君之前出场的几组选手，纷纷因为紧张、意外等因素挑战失败，遗憾地告别了舞台。

激动人心的时刻到来了，轮到李万君上台挑战。

主持人先是宣读挑战规则：挑战者以立焊方式，先将32根16组长15厘米、直径仅为1.8毫米的钢针一端焊接在16根车顶吊装的钢丝上，然后再将钢针的另一端焊接在车顶钢板上，形成受力结构，悬吊起两吨重的福特轿车保持十秒钟，挑战即成功。

给我一个支点，我可以撬起地球。李万君早就计算过，32根钢针承重两吨重的汽车，每根钢针平均受力为125千克，这是每根钢针受力的极限。16组长15厘米、直径仅为1.8毫米的钢针，如果有一根焊成"虚心"，都会无法承重；如果焊接时稍有不慎，有一根钢针因为焊接变短了，产生长短不一的误差，也会导致受力不均，钢针断裂。

共48个焊点，平均每38秒焊好一个。这困难如泰山压顶，赛张飞绣花，胜鲁智深描红。只见李万君如大将出征胆气豪，在万众瞩目中展示高超的焊接功夫，腿如松，腰如弓，目如炬，手如鹰，焊接力度、速度、位置都拿捏得分毫不差。

风吹鼍鼓山河动，电闪旌旗日月高。

扣人心弦的时刻到来了，见证奇迹的时刻到来了！李万君四两拨千斤，吊车稳稳地吊起了焊在铁板上的钢针。车轮离开地面，重达2吨的福特汽车被16组长15厘米、直径仅为1.8毫米的钢针拉着吊起来了。李万君的父亲李世忠紧张得大气不敢出，徒弟王善更是紧张得手心出汗，李万君看似平静的脸庞后面是内心的波涛汹涌。主持人撒贝宁率先紧张而兴奋地倒计时，"10、9、8、7"；几位资深的评委专家也坐不住了，站起来倒计时，"6、5、4"；现场的工作人员，除了摄像，全场起立，也紧张地跟着倒计时，"3、2、1"。全场响起雷鸣般的掌声、欢呼声。

挑战成功，福特汽车在空中稳稳地停留了十秒钟！台下的观众和台上的主持人都被李万君所代表的大国工匠的卓越技艺征服了！现场掌声经久不息！人们把来自内心的崇敬献给李万君这位有着高超焊接技艺的一线工人！

在全国劳模大会上宣读倡议书

劳动模范是民族的精英、人民的楷模，是共和国的功臣。祖国不会忘记。

2015年，对于李万君来说，是光荣的一年，四十七岁的李万君当选为全国劳动模范。

在2015年庆祝五一国际劳动节暨表彰全国劳动模范和先进工作者大会上，李万君代表全国参会的近三千名劳模和先进工作者，宣读了倡议书——《在实现中国梦伟大征程上阔步前进》。大会结束，李万君回到长客后，给全厂职工做报告，详细地回顾了自己在全国劳模会上宣读倡议书前后的经历：4月26日晚上10点，李万君接到全国总工会通知，决定由他宣读倡议书。听到这个消息，李万君乐坏了。这就如同一个大奖砸在了他的头上，要知道这是一个光荣、神圣的使命，这个任务代表着巨大的荣誉。

全国劳模表彰会是要通过中央电视台进行现场直播的，不能出半点儿错，如果出了错，全国人民都会看到的，李万君半分也不敢马虎，他打起了十二分的精神去迎接这个挑战。倡议书的内容只有短短三页A4纸，1188字，顺畅地读下来，大概只需要6分钟。虽然看着一点儿都不难，但是李万君翻来覆去地读了好多

⊙ 2015年4月28日，庆祝五一国际劳动节暨表彰全国劳动模范和先进工作者大会在北京人民大会堂隆重举行，李万君代表全国劳动模范和先进工作者宣读倡议书（新华社记者　鞠鹏/摄）

遍，等他抬起头来一看表，已经是半夜12点了。想到第二天就要进行试读，李万君赶紧简单地洗漱一下就睡觉了。

2015年4月27日，李万君早上5点就醒了，醒了就开始继续练习。每读一遍，都用手机录下来，然后听，看哪些地方没有停顿，哪些地方音调应该升高。就这样，李万君反复练习，反复纠正，直到深夜。此时李万君还想练习，但又怕第二天自己脸色不好，只能逼迫自己去睡觉，睡不着，就数羊，也不知道数了几百只羊才睡着。

2015年4月28日，2015年庆祝五一国际劳动节暨表彰全国劳动模范和先进工作者大会在北京人民大会堂隆重举行。

大会第三项，李万君等64名全国劳动模范和先进工作者代表依次登上主席台，由党和国家领导人向他们颁发荣誉证书。颁完奖后，李万君没有和大家一起回到座位上，而是去了后台等候。

大会第四项——宣读倡议书。在后台，工作人员端来一杯50℃左右的温开水，李万君只是含了两口，润润嗓子，很快就有工作人员请李万君上台了。李万君信心满满，他开始按照培训时的要求宣读倡议书——《在实现中国梦伟大征程上阔步前进》。在宣读前，李万君心里暗自提醒自己要读得略慢一些，吐字再清楚一些，只有这样，才能在读完上一句后，看好下一句，不会读错，也只有这样，才能做到该提气的地方提气，该停顿的地方停顿，使宣读达到效果。当李万君读到第三段时，台下响起了热烈的掌声。此时李万君已经完全进入角色，读得非常投入、非常有气势。当读到最后"昂首阔步迈上实现'两个一百年'奋斗目标和中华民族伟大复兴中国梦的新征程"的时候，李万君情不自禁地挥了下拳头，这个动作不是事先排练的，是李万君发自内心自己做出来的。会场上响起了经久不息的掌声，而这一幕也让会场中的记者抓拍下来，成为当天表彰会上的经典一刻。

《在实现中国梦伟大征程上阔步前进——2015年全国劳动模范和先进工作者倡议书》阐述了劳动的价值与意义。这对青年人的成长大有裨益。摘录部分如下：

三、用劳动为实现中国梦添砖加瓦。弘扬劳模精神、劳动精神和我国工人阶级的伟大品格，牢固树立劳动最光荣、劳动最崇高、劳动最伟大、劳动最美丽的观念，唱响"中国梦·劳动美"主旋律，立足本职、胸怀全局，自觉做到辛勤劳动、诚实劳动、科学劳动，把人生理想、家庭幸福融入国家富强、民族复兴的伟业之中，把个人梦与中国梦紧密联系在一起，通过劳动创造更加美好的生活。

......

五、争做有智慧、有技术、能发明、会创新的劳动者。树立终身学习理念，勤于学习、善于实践，积极参加职工素质建设工程，努力提高科学文化素养。强化与时俱进的创新意识，掌握新知识、锻造新技能、增长新本领，以实际行动投身大众创业、万众创新的时代洪流。积极参加以技术创新为重点的社会主义劳动竞赛，不断激发创新活力和创造潜能，充分发挥伟大创造力量。

新的蓝图在激励我们，新的使命在召唤我们。让我们更加紧密地团结在以习近平同志为总书记的党中央周围，高举中国特色社会主义伟大旗帜，开拓创新，携手共进，昂首阔步迈上实现"两个一百年"奋斗目标和中华民族伟大复兴中国梦的新征程。

第五章　中国高铁世界

中国高铁上的"硬币挑战"

国际上一些交通爱好者圈里曾流行一种活动，名叫"硬币挑战"。就是把硬币立在飞驰的飞机、火车、高铁、轮船、汽车上，看硬币在哪种交通工具上"站立"的时间最长。中国高铁排名第一，表现惊艳，引发了国内外网友的热议。可以说，"硬币挑战"反映出了中国高铁的卓越性能。

2017年12月，李万君从北京到上海出差，返程的时候，他没买飞机票，特意买了"复兴号"的高铁票。虽然自己是"复兴号"的生产者，但他还是第一次在京沪线上乘坐时速350千米的高铁。以前都是在电视上看旅客们兴奋和惊讶，而这次，他不但可以自己亲身去体验，也能亲耳听到大家的真实评价，李万君坐在座位上，车还没开，就听到大家在讨论"复兴号"是多么宽敞，窗户大视野好，全车Wi-Fi覆盖等。可以说，"复兴号"的整体设计非常人性化，舒适度也非常高，就像坐高档轿车一样。

李万君听着大家的评价，内心非常自豪。于是，他情不自禁地和其他乘客攀谈起来，他告诉大家，自己就是参与"复兴号"研制的技术工人，并且向其他乘客细致地讲解了"复兴号"的时速、Wi-Fi、冷凝水等设计，尤其是静音的设计。大家一起聊天，当车缓缓开动的时候，不往窗外看，根本觉察不出来列车在行驶。当乘客意识到车已经开了，再看向窗外的时候车速已经非常快了。"复兴号"不但运行非常安静，而且十分平稳。之前就有记者在"复兴号"上做试验，他把一枚 一元的硬币放在小窗台上立起来，最长可以竖立十秒不倒。李万君也尝试把矿泉水瓶子倒立起来，放在窗台上，一样屹立不倒。可见列车运行得十分平稳。有的乘客问李万君：为什么中国高铁能做到硬币不倒？李万君马上变身中国高铁的讲解员，为大家讲解硬币不倒的原因。

当我们乘坐高铁时，我们只能感受到车辆的平稳和舒适，却不知道这一切的基础就是安装在车辆底部的那不显眼的转向架，转向架就是决定轨道车辆速度和安全的关键。我国的高速动车组之所以能跑出如此快的速度，其主要原因之一就是转向架技术取得了重大突破。转向架制造技术是高速动车组的九大核心技术之一。

李万君的专业解说获得了周围旅客的掌声。

"我不做大哥好多年，不怕工作汗流浃背，不怕生活尝尽苦水，只想好好爱一回。"

李万君和长客职工们，像一群矿工，在千米井下默默挖太阳，托起火焰驱寒冬；像黄河古道的纤夫，不怕脊梁勒痕深，唱起倔强的号子，拉动老船跃龙门；像泰山挑夫，挑起重担千万斤，不到山巅不回首。他们这代人，就是要让中国高铁安全、平稳，越跑越快，就是要制造出世界上最好的高铁。

蜀道不再难行，内陆不再闭塞，边疆不再遥远。2017年9月21

日，完全由中国自主设计和制造的"复兴号"动车组在京沪线跑出全球最高商业运营速度，运营时速350千米，最高时速达400千米，比日本新干线列车和法国TGV高铁还要快，惊艳世界。

"中国速度"正在刷新世界对中国高铁的认知，以"复兴号"为代表的中国高铁也凭借超乎想象的速度令世界惊叹，在一次又一次突破中展现新时代大国崛起的成熟与自信。

中国高铁铁路营业里程世界第一；中国高铁运营时速350千米，世界第一；中国铁路运输安全持续稳定，事故率和交通死亡率均处于较低水平，安全性世界第一；云计算、物联网、大数据、人工智能、5G等现代技术和新型基础设施在高铁上进行了全面的融合与应用，中国智能铁路建设世界第一。超大的运力，超快的速度，超稳的行驶，人们给中国高铁起了个爱称："陆地航母"。

开往北京冬奥会的高铁

2015年7月31日，国际奥委会第128次全会在吉隆坡举行。经过85位国际奥委会委员的投票，北京以44比40击败对手阿拉木图，赢得2022年第24届冬季奥林匹克运动会的举办权。

北京到张家口的运力需要极大提升，客运品质需要极大提升。北京到张家口立即启动了"冬奥高铁"建设。

⊙ 从蒸汽机车、内燃机车到动车组,中国铁路事业一步步走向辉煌

2008年是中国第一次举办夏季奥运会，在北京；14年后的2022年，中国第一次举办冬季奥运会，在北京、张家口。

在拥有北京地铁列车制造光荣历史的长客，职工心中的激情也被冬奥圣火点燃了。从绿皮车到动车组，位于长春的长客公司一直拥有高寒地带车辆的制造经验，这次长客万名职工一条心，为冬奥造高铁，让全世界冬奥选手：乘高铁，打比赛；乘高铁，相聚中国。

2017年10月4日，经过评审及综合比选，中国国家铁路集团有限公司最终决定中车长春轨道客车股份有限公司为京张高铁智能动车组设计方案中选单位。

为保障2022年冬奥会期间京张高铁运营需求，贯彻"绿色、共享、开放、廉洁"的办奥理念，服务京津冀一体化协同发展，展示良好的国家形象，在中国国家铁路集团有限公司和相关科研单位的组织和配合下，中车长春轨道客车股份有限公司研制出时速350千米的"复兴号"京张智能型动车组，这一动车组被称为中国高铁智能型动车组1.0版。

2020年元月，疫情造成大量企业停工停产。长客一方面要做好防疫工作，一方面要全力投入冬奥会高铁制造工作。

抗疫情，迎冬奥，制造最好的高铁。李万君深知在疫情条件下，复工复产制造冬奥高铁的紧迫性。作业线上方，印有"作业时自觉保持一米距离"的红色条幅显得十分醒目。2020年3月，李万君和工友们开始闸片托座的攻关焊接，开始焊接时，经过检测，发现焊缝有缺陷，返修率降不下来，给生产带来困难。

⊙ 上图　1909年，中国第一条铁路——京张铁路通车

⊙ 下图　2020年，长客为北京冬奥会制造的"瑞雪迎春"型复兴号
　　动车，凝聚了李万君和工友们的爱国情怀（杨旸/摄）

问题出在哪儿？李万君急得吃不好，睡不好，在疫情期间，公司食堂暂停供餐，采取分散吃盒饭的方式就餐。李万君中午也不休息，在劳模工作室，边吃盒饭边在电脑上查资料，了解到北京到张家口一带线路坡道多、坡度大，沿途桥梁、隧道多，温度低，高铁行驶路线复杂。京张高铁是2022年北京冬奥会"北京—张家口"的交通保障线，是京津冀一体化协同发展的经济服务线，是我国高铁建设成就的创新示范线。他想：冬奥会是世界体育盛会，举办冬奥会也是中国形象的展示。作为中国名片的高铁，作为世界各国运动员、裁判员、观众乘坐的交通工具，不能有万分之一的瑕疵。

李万君和工友们采取从接头起弧焊接延伸和收弧完全延伸的方式，让整个焊缝没有任何缺陷，保证了焊缝合格率达到100%，返修率下降为零。奥运高铁荣誉出品，就从一个个小环节的荣誉出品开始。

走进冬奥高铁

冬奥高铁是我国智能化水平最高的一条高铁线。京张高铁全长174千米，运用的是复兴号智能列车。作为复兴号动车组的升级版，它在外形上更加突出流线型设计，车头模拟鹰隼和旗鱼，具有优越的动力性能。旅客坐在列车上就能随时看奥运直播。同时还应用了北斗导航、5G、刷脸进站等一批新技术。

2022年2月4日，北京冬奥会开幕，也是大年初四。当天下午，李万君在接受吉林广播电视台新闻记者采访时，再次高兴地谈起冬奥高铁。

中国吉林网云端对话了中车长春轨道客车股份有限公司"大国工匠"、全国劳模李万君。

李万君介绍，奥运版复兴号智能动车组实现了智能行车、智能服务和智能运维等功能，带给旅客智能、动感的全新体验。

智能行车，受益的不仅仅是司机。北京冬奥列车在世界首次实现时速350千米的自动驾驶，通过车载传感器、测速雷达、定位天线等设备采集位置和车辆信息，列车能够实现车站自动发车、区间自动运行、车站自动停车、车门自动打开等功能，停车精度在0.5米以内。

智能服务，一切为了更舒适的乘车体验。5G赛事直播、全车Wi-Fi覆盖、智能灯光和温度调节、手机无线充电、支持在线支付的自动售卖机……列车的智能服务系统带给乘客前所未有的惊喜。

智能运维，屏幕融合的背后是数据的贯通。除了广大旅客，列车上的机械师也感受到了整个智能系统的"友好"。

冬奥列车运用千兆以太网控车，全车设置2700余个监测点。运用云计算、大数据、人工智能等先进技术，构建"车—空—地"一体化智能运维体系。

"瑞雪迎春"的涂装和"鹰隼"的流线造型总能让人眼前一

亮。公司研发设计人员设计的鹰隼车头较以前350标准动车组阻力减小约4%。12.5米长的车头和流线型的造型，配合车身的平顺化设计可以使全车在以往车型的基础上再减阻7.9%，大大提升了列车的牵引效率，也增强了运行的稳定性。

冬奥列车车身一共装饰24朵抽象化的雪花意象图案，象征第24届冬奥会，若隐若现、轻舞飞扬、动静相宜，彰显冬奥主题。"风""雪""奥运"三种设计元素通过抽象化艺术表达，以中国高铁为载体，在交互中进一步体现了更高、更快、更强的奥运精神。

"北京冬奥会""冬残奥会""京张高铁"是中国产品、中国方案的光芒绽放。京张高铁与北京冬奥会珠联璧合，闪亮登场。它们是评书大师，向世界讲述中国的创新故事；它们是形象大使，向世界展示中国人民一往无前的奋斗姿态，并肩成为笑迎八方来客的亮丽名片、齐集全世界奥运健儿的舞台；它们是音乐大师，奏响了中国人自立自强、百炼成钢的盛世华章。

第六章　大国工匠

工匠文化，源远流长

有人说21世纪是中国人的世纪，随着中国制造业的发展，中国的轮船、高铁、起重机、盾构机等大量机械出口到多个国家和地区，中国工业力量不断强大，中国工人总数量超过四亿。"工匠"一词也越来越多地出现在人们的视野中，其实古人早就对"工匠"及"匠人"有所描述，《墨子·天志上》记载："譬若轮人之有规，匠人之有矩。"是说工匠最讲规矩，当然，这是简单的说法，难的是规矩之上的匠心——一种为了把事情做好而精益求精的赤诚之心。

天道酬勤，地道酬善，人道酬诚，商道酬信，业道酬精。精者匠也。在中国的古代历史上，能工巧匠辈出在陶器、青铜、染织、漆器、建筑、雕塑、园林、城苑等领域皆能够领跑世界。

建筑工匠鲁班，可以说是中国建筑界的鼻祖，也是木匠行业的祖师爷。相传，就是他发明了锯子、钻、刨子、铲子、曲尺以及画线用的墨斗等手工工具。

水利工匠李冰，战国时期被秦昭王任为蜀郡（今成都一带）太守，其间，他征集民工在岷江流域兴修了许多水利工程，其中以他和儿子一同主持修建的水利工程——都江堰最为著名。

桥梁工匠李春，从隋开皇十五年至大业元年（595—605），建造了中国第一座石拱桥——赵州桥（安济桥）。迄今为止，赵州桥已有1400多年的历史，在这漫长的岁月中，它经过无数次的洪水冲击、风吹雨打和多次地震的考验，仍安然无恙地挺立在洨河之上。

造纸工匠蔡伦，据《后汉书·蔡伦传》记载，"乃造意，用树肤、麻头及敝布、鱼网以为纸"。

精于工、匠于心、品于行，工匠精神的魂在于有一颗精益求精的匠心。李万君就是一个有着匠心的匠人，他说："我毕生的愿望就是技能报国，就是用工匠精神把手中的产品做好做精，让中国高铁在世界上不断领先、不断领跑。"

洞穴人在岩壁上作画，古蜀人挥汗雕石崖，敦煌古人土窟绘飞天。中华民族对于工匠精神的追求从未懈怠。

伟大的事业呼唤伟大的精神，伟大的梦想需要有伟大的精神作为支撑。实现中华民族伟大复兴的中国梦，需要让工匠精神薪火相传。

⊙ 李万君在焊接现场

首届大国工匠

工匠精神丰富了民族精神和时代精神的内涵，工匠典型引领中国制造走向更精更强。

人们翘首以盼，希望能涌现出代表中国工业力量的大国工匠。

2018年6月，中华全国总工会、中央广播电视总台启动2018年"大国工匠年度人物"推荐活动，各级工会层层组织推荐选拔，职工群众广泛参与。组委会办公室经过认真审核材料、广泛征求意见、反复对比遴选，从推荐人选中初选出五十位"大国工匠年度人物"候选人。

李万君成为五十位"大国工匠年度人物"候选人之一，受到全国网民点赞好评。最后由中华全国总工会、中央广播电视总台组织的三十位相关领域知名专家、著名劳模代表、资深媒体人士成立专家评委会，经过严格评审，正式评选前十位成为2018年"大国工匠年度人物"。

2019年1月18日，"大国工匠年度人物"颁奖典礼在中央电视台录制。

当时，李万君的颁奖词是这样写的：一把焊枪，一双妙手，他以柔情呵护"复兴号"的筋骨；千度烈焰，万次攻关，他用坚固为中国梦提速。那飞驰的列车，会记下他指尖的温度，他就是——中车长春轨道客车股份有限公司电焊工李万君。

在中国，像李万君一样的大国工匠还有很多，他们将对工匠精神的理解升华为对祖国的无限忠诚。他们不断追逐梦想，接续奋斗；他们执着、勇敢、奉献、坚守，让中国富起来；他们敬业、求精、专注、创新，让中国强起来。

在追梦的行程当中，国家表彰大国工匠，呼唤工匠精神，并不仅仅是对传统工匠技艺的传承，更是对一切职业精神的呼唤，是为了擦亮爱岗敬业、劳动光荣的价值底色，为中国制造强筋壮骨，为中国文化立根固本，为中国力量凝神铸魂。

沁园春·工匠

　　中华重器，万里铁轨，龙行天下。五千年热土，盛世生辉；英雄出世，高铁逐日。往昔春运，人山人海，多少游子返乡难。中国梦，铸钢筋铁骨，动车彩虹。　　炎黄匠火不熄，沧海桑田多少匠人。赵州桥李春，锯木鲁班，木牛流马，造纸蔡伦。火车涅槃，工人力量，擦亮中国金名片。劳动美，谁精益求精，大国工匠。

清华大学讲座

2021年，在QS世界大学排名中清华大学排在第十五位，作为中国唯一一位列前二十的学府，清华大学秉承着"行胜于言"的理念。清华大学不仅是世界一流大学，还有着世界一流学科，被誉为"培育国家级工程师的梦想起点"。清华大学以材料科学与工程专业而著名，有着相当的实力，为社会输出各类人才。

2021年5月31日，李万君做梦也没有想到，自己一个职业高中文凭，能受到清华大学的邀请，走进清华校园做报告。

疫情期间，清华大学外聘教授进校园讲课已经减少很多，李万君带着核酸报告，经过校方检查后，走进仰慕已久的清华大学校园。清华大学官网以《大国工匠李万君走进清华分享制造中的匠心精神》为题，对此进行了报道。

清华新闻网6月3日电　5月31日，由清华大学基础工业训练中心党总支联合机械系部分研究生党支部和"领雁工程"小组开展的"不忘初心，弘扬匠心，技能成就中国梦"师生联合党支部共建暨改革开放史学习活动于李兆基科技大楼举行。活动邀请首届大国工匠荣誉称号获得者李万君做主题报告并开展交流。

⊙ 上图　2021年5月31日，李万君（一排左五）、本书作者訾波（一排右五）在清华大学讲座赠书后和师生合影

⊙ 下图　2021年5月31日，李万君在清华大学举办的讲座上发言

李万君结合自己的成长经历，从"树立理想，争做工匠""无私奉献，培育工匠""敢于担当，勇于创新""忠诚企业，报效国家"和"用匠心实现中国梦"五个方面，讲述了改革开放四十年间，中国高铁事业在党的领导下的发展历程。通过讲座向清华师生传递改革开放及新时代的工匠精神、劳模精神和劳动精神。

互动交流环节结束后，李万君赠送清华大学手工焊字"清华大学"，并向图书馆和与会学生代表赠送《大国工匠李万君》一书。作者訾波从清华大学图书馆领导手中接过了沉甸甸的馆藏证书。

2021年9月1日，百度百科收录《大国工匠李万君》词条：《大国工匠李万君》是一部由吉林省总工会创作、出版的红色书籍，作为中国第一部全景式刻画大国工匠风采的人物传记。

在吉林省总工会高度重视与大力支持下，该书由吉林省有突出贡献专家、省作协会员、省总机关訾波纪实创作，全书39万字，由吉林出版集团股份有限公司出版，并以鲜明的政治性、文学性、时代性、真实性，是2021年国家出版基金重点扶持项目，是获扶持的马列、中国特色社会主义、中国精神类的23本图书之一。

感悟工匠精神

焊花在阳光下飞溅，汗水在脸颊上流动。李万君一次次焊接，平焊、立焊、横焊、仰焊……每项都有不同的操作要点；李万君一天天焊接，无夹渣、无气泡、无裂纹、平整美观，每条焊缝都符合各项技术要求；李万君一年年焊接，站、仰、蹲、趴，一招一式都仔细揣摩。

李万君对工匠精神的领悟、传授给徒弟的工匠精神、在外做报告时弘扬的工匠精神、接受媒体采访时讲述的工匠精神，都是从这三十多年的实践中获得的。

焊枪在手，人走枪走；"望闻问切"，眼不容沙；焊花四溅，不问西东；烈火熔化，刹那芳华。

兢兢业业埋头干，锲而不舍细钻研；精品转向架，安全走天下。

工匠精神不是一个口号，它是一种在同样的设备环境下用职业道德、职业能力去提升产品质量的体现。所有人都在做事，工匠精神不是工人的专属，它属于所有人：学生、农民、医生、厨师等。工匠精神应该成为所有人的职业追求。

工匠精神在问众生：人的一生该怎样度过？是浑浑噩噩糊弄自己，还是严谨认真、精益求精？

在中国从农业大国向工业强国转型的伟大时代，工匠精神必须成为国家气质。人无精神身子软，业无精神轻飘飘，国无精神则不强。唯有精神上站得住、站得稳，国家才能在时代发展中屹立不倒、挺立潮头。

工匠精神是什么？一千个人眼中有一千个哈姆雷特，在劳动实践中感悟工匠精神，李万君用一把老焊枪告诉你：

1. 把每条焊缝焊好，把手中的产品，用智慧和技能不断地升华，最后达到极致，变成艺术品，我认为这就是工匠精神。

2. 蹲下身子，一丝不苟，把工件焊得"天衣无缝"。

3. 作为一名技术人员，放弃了技术，就像战士在战场上放弃了枪。

4. 把一件事情坚持十年、二十年、一辈子，并做好，这是一种工匠精神。

5. 掌握高超的技能，才能在生产实践中发挥作用。

6. 世界在前进，有了高超的技能，还应该创新。

7. 外国人也是两个眼睛一个鼻子，他们能做到的，我们中国焊工也能做到。

8. 在哪儿干都不如在自己国家干得开心，踏实，长远，有奔头。

9. 我的荣誉不是属于个人的，是属于中国千千万万工人的。

10. 国家建设工业强国，制造业大发展，技术工人迎来最好的时代。

11. 一事专注，便是能人；一生专注，便是大师。

12. 工匠精神的时代内涵——爱国、投入、智慧、技能。

13. 工匠精神就是最后达到极致，让产品走向世界，为国争光。

14. 从古人的诗词中学习工匠精神。咬定青山不放松，立根原在破岩中。千磨万击还坚劲，任尔东西南北风。

15. 精雕细琢为匠人，精益求精怀匠心，追求卓越成匠魂。

16. 守匠心，做匠人，树匠品，行匠道，走匠路。

17. 生活不易，每次的技能学习机会都是缘分，每次的工作机会都是历练，焊条用完就没了，人生虚度就老了，且焊且珍惜。

18. 我就是一个平凡的工人，不是我厉害，是我生逢盛世。我在干一个伟大的事业——中国高铁；我处于一个伟大的时代——实现中国梦；我生在一个伟大的国家——中国。

19. 新设备、新标准、新工艺、新要求不断诞生，任何一个技术工人都要与时俱进、不断学习。没有永远的工匠，只有永远的新技术。

20. 心小，任何事都是大事；心大，任何事都是小事；用心钻研一件事，任何事都不是难事。

21. 浮躁功利和坚守匠心是跷跷板的两端，把重心放在不同的位置，就会有不同的人生。

22. 年少不知工匠精神好，年老一事不精、一事不成，再悟工匠精神，已老泪纵横。

23. 技术成长如春笋，如果向上努力，就一定会破土而出。

24. 工匠精神不是高不可攀，所有人都能通过努力工作拥有这种精神：一个天天钻研厨艺的厨师，就可能成为大厨；一个终生专注某一病症的医生，就可能成为名医。

25. 工匠精神也是修身，让工作、学习、生活等方面更加严谨、精确、刻苦、自律。

第七章　我爱你中国

我爱北京天安门

李万君不抽烟不喝酒，也不爱好打麻将、跳广场舞什么的，他有一个特别的爱好，就是每次到北京，只要有时间，就去看天安门，留一张和天安门的合影。看天安门，看升国旗，爱听国歌，每当国旗升起的时候，看着朝霞辉映中鲜艳的五星红旗，他心中升腾的是激昂与感动。他感到非常幸福、自豪，仿佛自己也是升旗手，也为国旗升起用上了力。

1976年，八岁的李万君第一次有机会去北京。

在大姨家住了几天，母亲带着李万君哥儿俩上街，也不记得坐了几趟公交车，才到了天安门广场站。李万君过去都是画天安门，这次终于来到真的天安门，第一次看到天安门，他认真看着天安门，还在金水桥上跑来跑去，边跑边唱：

我爱北京天安门

天安门上太阳升

伟大领袖毛主席

指引我们向前进

在天安门前留影，是很多人一生中弥足珍贵的记忆。李万君和母亲、弟弟在天安门前留影，李万君戴着毛主席像章，身后是长安街，街上有很长的公交车，还有骑自行车赶路的人们。一张老照片，记录了一个普通人家的家国故事。

1995年，李万君和苑红霞夫妻二人商量去哪里旅游，想来想去，还是决定去北京，看天安门，请金水河做证，祝福他们的爱情甜蜜而永恒。

家是最小国，国是千万家。2018年6月，二十二岁的女儿奇奇在俄罗斯留学两年后回国。李万君夫妻请假从长春去北京接女儿。第二天他没有带妻子、女儿逛街购物，而是先带着女儿去看天安门。李万君边走边跟女儿重复着解说天安门："这是咱国家的象征之一，是毛主席向世界宣告中华人民共和国成立的地方，这是非常神圣的地方。"李万君希望女儿把这种爱国情怀传承下去。家是自己家，国是大中华。

我不够"感动中国"

风雨坎坷人生路，不经历风雨怎能见彩虹，没有人能随随便便成功。

评选"感动中国"人物是中央电视台举办的重要的人物评选活动之一，每年举办一次。活动秉承公开、公正的精神，广泛吸

⊙ 上左图　1976年2月，八岁的李万君和母亲、弟弟来到北京，拍摄了他和天安门的第一张合影

⊙ 上右图　2012年11月8日，李万君参加党的十八大时，在天安门广场留影

⊙ 下图　2018年6月16日，李万君夫妇去北京接留学回国的女儿，接完女儿后的第一件事是全家到天安门前合影

纳观众意见，通过多种投票方式评选十位年度令人感动的人物（群体）。这些入选的人物（群体）年龄不同、背景不同、职业不同，却有一个共同的特点，那就是他们的所作所为温暖着中国、感动着我们。因此，《感动中国》也被媒体誉为"中国人的年度精神史诗"。

2016年11月到12月中旬，中央电视台在全国各地进行海选。经过广大网民的推荐选举，吉林工人李万君入围，他是吉林数百万职工中第一个成为"感动中国"候选人的人。

2017年初，"感动中国"十大年度人物开始线上投票。最早是李万君的弟弟李万民发了朋友圈链接，呼吁亲戚朋友帮哥哥投票。李万君打开链接看到另外十九位候选人里面有两个人已经牺牲了，他说："不能选我，别号召亲戚、朋友、同学投票了，万民，人家才是感动中国人物，有的都为国牺牲了，我算啥啊，我就是技术工人。国家已经给了很多荣誉，我很知足了，选人家吧。"当时，李万君对成为"感动中国"候选人很平静，对投票结果也没有过多的期待。

新时代需要知识型、技能型人才，人们把票投给这样的爱国、兴国的"真明星"。李万君高票当选。

2017年2月，李万君穿着长客的工装参加了中央电视台"感动中国2016年度人物"颁奖盛典。李万君站在全国观众的眼前，他的短片感动了现场和电视机前的数亿观众。

⊙ 2017年2月8日，李万君获得"感动中国2016年度人物"荣誉称号

2016年中央电视台《感动中国2016年度人物——李万君》电视片解说词。（节选）

李万君：有人说我是高级技师，有人说我是中国中车"金蓝领"，有人说我是全国技术能手，有人说我是中国高铁焊接大师，有人说我是中国"工人院士"，其实我就是一名普通的技术工人。我叫李万君。

解说：他是工人心中至高无上的中华技术大奖获得者，但他说是这个工业复兴的时代造就了他。

神州北方是新中国工业的摇篮，寄宿着共和国关于钢铁的原初记忆，也孕育着崭新的重器传奇。1954年，随着新中国第一个五年计划的开展，中国中车在美丽的北国春城拔地而起。历经五十多年的风风雨雨，中国中车成为我国最大的铁路客车和城市轨道车辆的研发、制造和出口基地，是目前世界上生产轨道客车数量最多的制造工厂。

从1987年长客职高焊工班毕业到如今，李万君在一线的岗位上经历了漫长的岁月，能够在熟悉的岗位上，专注地将一道工序做到极致，对他来说是一种幸福。李万君的精湛技艺和钻研精神，使他荣获了国内获奖人数不足百人的专业技术的最高奖项——中华技能大奖，使他更有幸以一名一线工人的身份，站在人民大会堂的讲台上，宣读倡议书，给千百万和他一样的工人，带来振奋和希望。

播放完介绍李万君的短片，"感动中国"颁奖现场一片掌声。

主持人敬一丹接着问："李师傅，你焊得太好了，太漂亮了，请你给我们讲讲工匠精神吧。"李万君一听很高兴，因为省市工匠表彰大会都是他宣读的倡议书，工匠精神都印在脑海里了，就是精益求精、追求卓越。但是李万君没有这么回答，他要把自己的感受说出来："工匠精神就是用智慧加技能使手中的产品不断升华，最后达到极致，变成艺术品，这就是工匠精神。"他说完这句话，台下掌声又响了起来。

李万君在三十多年的焊接工作生涯中，用一支焊枪为中国高铁贡献了积极的力量。在中国高铁从无到有、从追赶到领跑的进程中，李万君也完成从平凡到非凡的转变。他时刻秉持着工匠精神，脚踏实地，在一个平凡的岗位上做着不平凡的事。他身上体现的是千千万万一线生产工人的缩影，是一名焊工对个人梦想的努力奋斗，是一名大国工匠对中国梦的执着追求与不断创新。

"感动中国2016年度人物"颁奖词（节选）

你是兄弟，是老师，是"院士"，是这个时代的中流砥柱。表里如一，坚固耐压，鬼斧神工，在平凡中非凡，在尽头处超越。这是你的人生，也是你的杰作。

全国优秀共产党员

日出东方苍穹红，建党百年党徽亮。

李万君有两个"生日"，都在10月份。

一个是1968年10月6日，在长春市建设街小平房里出生；一个是1995年10月17日，在长客转向架焊接车间里光荣地加入中国共产党。

从入党的那一天开始，李万君就牢牢地记住了党章中的一句话：中国共产党是中国工人阶级的先锋队。

什么是先锋队？就是南飞群雁中的头雁，就是阅兵场上的排头兵。如果在战场上，先锋队就是抱起炸药包冲上去炸碉堡的人；就是上刺刀杀开一条血路的人；就是高举红旗，在千军万马中踏平战壕、冲上敌阵的旗手。

现在是和平时期，是社会主义建设时期，是共圆中国梦的新时代、大时代。作为一名党员、一个高铁工人，就应该撸起袖子加油干，用实干擦亮胸前的党员徽章，用实干擦亮中国高铁金名片。

岁月印证初心，实干不负使命。李万君以浓厚的家国情怀和强烈的责任担当，把个人的梦想融入中国工业新时代建设的伟大实践中。天下至德，莫大乎忠。一把老焊枪，焊花映脸庞，心中有信仰，手中有力量。一辆辆高铁飞奔在中华大地上，也展现了高铁生产一线无数共产党人默默奉献的崇高精神力量。

2016年7月，四十八岁的李万君被授予全国优秀共产党员荣誉称号。在2016年，全国共产党员总数接近9000万，要在近9000万人中选出100名全国优秀党员，比例接近90万比1。李万君光荣入选，可见这份沉甸甸的荣誉有多么珍贵、多么光荣。

2016年，李万君当选全国优秀共产党员时已经四十八岁。三十而立，四十不惑，五十知天命。回忆自己走过的路，他感慨颇多，自己从懵懂青年到现在也是年近半百的人了，每步成长都有党的关怀，每次进步都有无限感慨。

"我不够优秀，我是焊工，我是党员。"李万君日复一日，披挂上厚重的帆布工作服，扣着封闭的焊帽，在烟熏火燎中，在刺耳的声音中，在四溅的火星中，淬炼意志。电焊枪发出刺眼蓝光，空气中飘散着呛人的灰尘，尘烟中李万君手握焊枪，仿佛燕人张翼德当阳桥头横矛立马，无视焊花焊光扑面而来。他以精湛的技术打造着最安全的中国制造高速列车，兢兢业业，孜孜以求。

2018年6月，作为全国优秀党员的李万君到中央电视台参加录制《平"语"近人》第六集《只留清气满乾坤》。

墨梅四首（其三）

[元] 王冕

我家洗砚池头树，朵朵花开淡墨痕。

不要人夸好颜色，只留清气满乾坤。

思想解读人郭建宁：严以修身是培育和践行社会主义核心价值观的题中应有之义。以修身为第一步，从修身开始。我们要用社会主义核心价值观这个最大公约数来凝聚社会共识，来引领社会风尚。

主持人康辉：好的，现在我们就用掌声请上中车长客股份公司的高级技师，全国优秀共产党员李万君，来讲一讲焊枪背后的故事。让我们用掌声欢迎！

嘉宾李万君：因为我是从事高铁转向架焊接的，转向架它就好比是高铁的两条腿，关系到高铁运行时的速度和安全。大家都知道，现在我们高铁的速度已经达到了每小时300多千米。它相当于飞机起飞的速度，而且每天以这个速度不停地运行上千千米，一年下来就是几十万千米。对于每一条焊缝来讲，要求是非常苛刻和严格的，绝对不能有任何瑕疵。在高速运行当中，哪怕掉一个小焊渣，都会给整车运行带来隐患。所以要求我们必须用工匠精神把手中的产品干成艺术品。

精益求精的大国工匠，在用实际行动诠释着共产党员的使命担当。精益求精是一个大国工匠的责任，更是一个共产党人的修养。李万君讲述的这把焊枪背后的故事，让观众更加深刻体会到郭建宁教授提到的中国共产党人修身到底修的是什么，修身修的正是这颗心，修的是价值观，修的是良知，修的是信念，对于中国共产党人来说，修的就是党性。

⊙ 2016年7月1日，在庆祝中国共产党成立95周年大会上，李万君被授予全国优秀共产党员荣誉称号

站在庆祝新中国成立70周年彩车上

十月的北京，天高云淡，秋高气爽。看九州方圆，普天同庆，彩旗飘扬。

在北京参加新中国成立70周年庆祝大会期间，李万君一直心潮澎湃，共和国一幕幕大剧仿佛就展现在他眼前：嫦娥四号探测器成功着陆月球；第二艘航空母舰出海试航；国产大型水陆两栖飞机水上首飞；北斗导航向全球组网迈出坚实一步；港珠澳大桥飞架三地；125个贫困县通过验收脱贫，1000万农村贫困人口摆脱贫困；香港进入了全国高铁网……

2019年10月1日，中华人民共和国成立70周年庆祝大会正式召开。在本次国庆典礼上，李万君和全国劳模、大国工匠登上彩车，接受党和人民的检阅。清晨5点，李万君穿好工装，佩戴齐奖章，过了两道安检，走到了创新驱动方阵，登上了"复兴号"彩车。在彩车巡游中，载有李万君等著名劳模的"创新驱动"彩车让人耳目一新。整个彩车由三辆中型车构成，以"大国重器"为主题，突出"中国高铁"新名片。在进入天安门核心区时，"三车合一"组合成一辆大彩车，以"复兴号"整体形态通过。

一辆辆彩车满载着共和国的荣耀而来，而在这彩车上同享荣

⊙ 2019年10月1日，李万君（右四）在北京天安门广场参加庆祝中华人民
共和国成立70周年大会，并在第19号彩车上接受检阅，这是由科技创
新领域的代表组成的"创新驱动"方阵

耀的，还有那一个个时代人物的代表。

第19号彩车引人注目，这是由科技创新领域的代表组成的"创新驱动"方阵。工业智则国家智，工业强则国家强。高铁、天宫、蛟龙，搭载着"天眼""北斗""C919大飞机""长征三号""天河二号"等大国重器，驰骋在科技强国的征途上。三辆彩车在行进中首尾相连，组成一列高速飞驰的"复兴号"，驶向更加美好的明天。

李万君站在彩车上激动不已，他忘不了与"复兴号"的初次接触。"2015年，我们开始试制生产我国自主研发的'复兴号'。"2017年6月26日，"复兴号"正式发布。"复兴号"与李万君有着千丝万缕的联系。作为公司首席操作师，李万君先后参与了我国几十种城铁车、动车组转向架的首件试制焊接工作。

生逢盛世，不负韶华。李万君感到很自豪。现场共有七十辆彩车，整齐划一，其中他所在的"复兴号"彩车，属于"创新驱动"方阵。李万君不由得心潮澎湃：我们要坚持科技创新，坚持弘扬工匠精神，要在平凡的岗位上坚守，助推国家又快又好发展。

缤纷的彩车一路驶来，向世人讲述着"建国创业"的砥砺艰辛、"改革开放"的激昂奋进、"伟大复兴"的希冀自豪，彰显着"同心共筑中国梦"的深刻主题，形成一片欢乐的海洋，绘就一幅流动的画卷，彰显中华人民共和国从百业待兴到今天伟大富强这七十年的光辉征程。

七十载共和国经天纬地建小康社会，七十载中国人惊天动地

⊙ 2019年10月1日，庆祝中华人民共和国成立70周年大会在北京天安门广
场隆重举行（新华社记者 琚振华/摄）

绘和谐蓝图。

中国人民有多拼，中国奇迹有多新；如果奇迹有颜色，那一定是中国红。火箭升天，蛟龙入海，动车驰骋，世界最长的高铁里程让天堑变通途。今天的中国，比历史上任何时期都更接近、更有信心和能力实现中华民族伟大复兴的目标，也比任何时候都更加需要科技创新。"中国号"巨轮已启航，迈向"直挂云帆济沧海"的美好未来。

2019年10月1日晚，在北京天安门广场举办庆祝中华人民共和国成立70周年联欢活动，党和国家领导人同首都各界群众代表一起联欢，并观看文艺演出和烟花表演。这给李万君留下了深刻印象。20时举行的联欢活动，李万君16时就在观礼席上等待了。夜幕降临，十多万人欢歌笑语。群众联欢、千人合唱、音乐烟花表演……看着燃放的烟火在天空呈现出"祖国万岁""人民万岁"等字样，看着"立体的五星红旗"在夜色中熠熠生辉，李万君想：时代不同了，如果不创新，不搞科技，不发展，我们此时又怎么能看到国家的实力、祖国的强大呢？

盛世英雄，铁龙驰骋，飞奔吧，中国高铁；

砥砺奋进，铿锵前行，自豪吧，中国工人；

站起来，富起来，强起来！腾飞吧，伟大的祖国！

岁月如歌，唱不尽中华儿女豪情万丈；再踏征程，共祝愿伟大祖国前程似锦。

后记　讲好中国故事

讲好共产党员故事

爱党颂党举笔葵向日，写匠绘匠聚焦凤朝阳。本书始终抓住李万君在党的关怀下成长成才这条主线，讲述了李万君走过的从一名普通党员成长为"全国优秀党员"的红色工匠之路，展示了李万君把自己的全部智慧和力量献给中国高铁事业的党员风采。

讲好中国工匠故事

本书全面、生动、真实地展现了吉林工人李万君走过的从一名普通焊工成长为"全国优秀党员""大国工匠"的不平凡道路，再现了他几乎囊括全国所有焊接技能大赛冠军的荣耀，描述了他普通人的苦恼。全书图文并茂，擎主旋律、正能量、接地气猎猎大旗，颂中国梦、劳动美、工会情华彩乐章，唱工人志、工匠心、高铁魂黄钟大吕。

如果您在阅读时心静如水，也许会感受到李万君工作时耀眼的焊光破纸而出，照亮您的人生道路。

劳模进校园，时代呼唤劳动精神

劳动创造一切，劳动精神与劳动教育意义重大。教育引导学生崇尚劳动、尊重劳动，懂得劳动最光荣、劳动最崇高、劳动最伟大、劳动最美丽的道理，长大后能够辛勤劳动、诚实劳动、创造性劳动。

2021年4月出版的第一版《大国工匠李万君》，在受到广大劳模和职工的欢迎的同时，也受到了全国广大高校和中小学生师生的喜爱。该书已经被清华大学、西南交通大学、吉林大学、东北师范大学等高校的图书馆收藏，获中国劳动关系学院劳模班师生好评。

2021年5月31日，在清华大学举行的"不忘初心，弘扬匠心，技能成就中国梦"主题活动中长春市108中陈同学听完报告后写道：我们有比李叔叔更良好的学习条件，又有什么理由不去努力呢?

十二年磨一书

晨兴理荒秽，带月荷锄归。

2010年至今，本人以勤补拙，写匠人，学匠人，无数次深入李万君班组采访拍摄，和主人公同吃同劳动，不间断纪实跟踪创作，力求让主人公形象栩栩如生——既横刀立马焊高铁，金瓯无缺，又食人间烟火，儿女情长。以工匠精神写工匠之书，力争全面、真实、鲜活、艺术性地再现新时代的模范人物李万君。

欲穷大地三千界，须上高峰八百盘。十二年来，累计拍摄主人公上万张照片，书中精选近二十余张，纪实的图片会说话，也是为中国工匠史留志。

感谢中华全国总工会兼职副主席、全国劳动模范、大国工匠高凤林为本书作序。

由于笔者水平有限，不当之处，敬请读者不吝赐教。

2022年2月5日

作者于长春